LE VIEUX SAINT-MALO

PAR

ETIENNE DUPONT

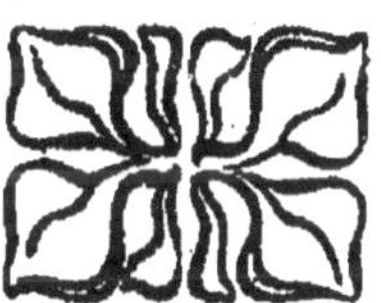

PROPRIÉTÉ DE L'AUTEUR

Droits de reproduction et de traduction réservés.

Copyright by Etienne Dupont (1928).

LE VIEUX SAINT-MALO

A MONSIEUR CAMILLE JULLIAN,
de l'Académie Française.

DU MÊME AUTEUR

Le Mont Saint-Michel. Etudes et Chroniques (*épuisé*). *

Le Mont Saint-Michel et les Pays Etrangers (*épuisé*). *

Recherches historiques et topographiques sur les Compagnons de Guillaume le Conquérant. Répertoire de leurs lieux d'origine. 2 vol. in-8° (*épuisé*). *

Bibliographie générale du Mont Saint-Michel (*épuisé*). *

Montgommery. Tours, Mame, 22° mille.

Le Pélerinage d'un enfant au Mont Saint-Michel au XV° siècle. Desclée de Brouwer. 3° mille (*épuisé*).

Les Prisons du Mont Saint-Michel ; Librairie académique Perrin. Ouvrage couronné par l'Académie Française (*épuisé*).

La Bastille des Mers : Les Légendes criminelles et l'Histoire. Librairie académique Perrin. Ouvrage couronné par l'Académie Française, 4° édition.

Le véritable chevalier Destouches. Même librairie, ouvrage couronné par l'Académie Française.

Monseigneur Duchesne chez lui, en Bretagne, 1 vol. in 8°, illustré, Rennes, Larcher.

L'Aumônier des Corsaires : l'abbé Jouin (1672-1720). Nantes, Durance.

Les Corsaires chez eux, Paris, Champion 1925 : ouvrage couronné par l'Académie Française.

Les Légendes du Mont Saint-Michel, Un vol. in-16. Champion, Paris, 8° mille.

POUR PARAITRE PROCHAINEMENT

Du Couesnon à la Rance, eaux fortes et gravures de H. Voisin. Edition de la Bretagne touristique, Saint-Brieuc.

Mesdames Fleurdelys : Episodes de la Chouannerie normande.

LE VIEUX SAINT - MALO

PAR

ETIENNE DUPONT

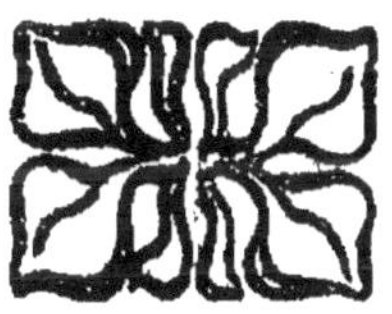

INTRODUCTION

Nous parlions de la saison balnéaire et nous déplorions le temps affreux qui l'attristait ; on apercevait, au loin, la mer couverte d'écume et de violentes averses, comparables aux giboulées des équinoxes, fouettaient, en plein mois d'août, les vitres du salon, où la bonne vieille dame, plus qu'octogénaire, de Saint-Malo, me recevait aimablement.

— « Eh ! oui ! Monsieur, me disait-elle, de nombreux descendants authentiques des corsaires sont devenus des logeurs en garni ! Les nécessités de la vie réduisent quelquefois les gens à de pénibles mesures ; mais ne croyez pas que ce soit d'hier que nous louions ici nos appartements personnels aux étrangers qui viennent chez nous. A la fin du règne de Louis-Philippe, quand j'étais une bambine de cinq ans, mes parents (mon père était capitaine des Douanes), se retiraient dans deux petites pièces de l'étage où je vous reçois aujourd'hui et louaient à des baigneurs, c'est-à-dire à des étrangers, pour 250 francs, linge compris, du 15 juillet au 15 septembre, trois grandes belles

chambres, une salle et une cuisine, avec le droit d'occuper, le dimanche, nos chaises à la cathédrale. Les gens du quartier nous jalousaient même un peu ; ils trouvaient le denier profitable. Il est vrai que, de chez nous, la vue était incomparable et que nous pouvions mettre sur l'affiche : Vue superbe sur la mer. *D'ailleurs, Monsieur, constatez-le vous-même ; le paysage est toujours là ; mais la côte de Dinard, falaise nue et presque sauvage en 1845, s'est couverte, depuis quarante ans surtout, de somptueuses et charmantes villas. Sous le Second Empire, mon père modifia l'écriteau. Il mit :* Véritable vue sur la mer. *Cela vous fait sourire : le texte se justifiait ; un grand nombre de Malouins, même à l'intérieur de la ville, se réclamaient d'une vue de mer. Or, pour en jouir, il fallait, souvent, monter sur une chaise et soulever une tabatière dans le toit, afin d'apercevoir un pauvre petit lambeau de la rade. Chez nous, la baie entrait à pleines fenêtres, avec le tombeau de Chateaubriand et tous les îlots de la Rance. C'était, pour notre logis, une plus-value d'au moins cent francs, grosse somme en 1860 ! Hélas ! les temps sont bien changés ! Ce ne sont plus des souvenirs historiques que viennent chercher nos hôtes d'été ; les prix ne sont plus les mêmes ; on pourrait ajouter un zéro à ceux d'autrefois ; mais les baigneurs actuels sont vraiment bien exigeants ; il leur faut tout le confort moderne, eau, gaz, électricité, que sais-je ? Ils s'assurent que l'eau a été soumise aux rayons ultra-violets. L'eau ! Mais nous en avions de très bonne ; nos maisons avaient, toutes, des citernes ; celle-ci en possède une de 50 barriques ; elle existait déjà sous Duguay-Trouin ; tous les dix ans, on la curait. Plus tard, on a installé dans le quartier des bornes-fontaines et les domestiques ainsi que les femmes de ménage s'y rendaient, deux fois par jour, pour remplir leurs buires et leurs seaux. Allez donc demander cela aux bonnes d'aujourd'hui ! Elles vous rendraient leur tablier ; il faut à ces demoiselles de l'eau à tous les étages. On exige aussi le gaz dans la cuisine ; on m'a ri au nez, il y a trois ans, quand j'ai montré à une Parisienne une jolie petite case à rôt, très pratique, que l'on exposait simplement au feu d'une coquille de fonte, brûlant du charbon de bois. La lampe à colza, à la lumière dorée, qui m'a conservé de bons yeux jusqu'à près de quatre-vingts ans, est passée à l'état de vieille lune et est allée retrouver, chez le brocanteur ou sur les décombres, la lampe à pétrole et même le réchaud à esprit de vin. Dans quelques années, il faudra partout des ascenseurs. Les architectes disent déjà que ce sera chose facile, ici, à cause de la grandeur de la cage des escaliers. Tel hôtel particulier de la rue de Dinan possède un escalier qui a permis, jadis, à un gentilhomme d'aller sonner à cheval à une porte s'ouvrant sur un vaste palier du troisième étage. Tout cela, Monsieur, est de l'histoire ancienne et nous marchons vers des temps nouveaux. Cependant Saint-Malo, dans son armure de granit, se défend contre les mauvais coups ; je constate bien, quand je reviens de la première messe, dans le silence, la solitude et la fraîcheur du matin, au carrefour de nos rues tortueuses, un vieil hôtel éventré ou une maison de bois qui prend un air penché et menaçant ; mais, dans son ensemble, la ville des Corsaires n'a pas beaucoup changé et mon cœur est plein de joie depuis qu'une municipalité intelligente a restauré* la loge des Chiens du Guet. *Il y manque bien les dogues ! Mais pourquoi ont-ils dévoré ce pauvre* M. de Kerouartz ? *J'aime tant mon cher Saint-Malo, même ses verrues ! Et puis, est-ce que les verrues ne sont pas parfois des grains de beauté ?..... »*

Certes ! mais hélas ! comme le disait la vieille Malouine, ces grains de beauté disparaissent peu à peu. Saint-Malo *s'en va ; ce n'est pas l'acier du chirurgien, qui taille, retranche et extirpe, mais le pic, le ciseau et le marteau des démolisseurs qui mutilent, détruisent, effacent et nivellent. Certains visages aimés et respectés, — j'entends les façades des anciens hôtels particuliers, — nous attristent par leurs profondes blessures et leurs vilaines cicatrices ; on s'en prend même à ces pauvres petits jardins, que l'on comparaît, autrefois, malicieusement, à des mouchoirs de poche, mais qui, malgré leur exiguité, mettaient une note de gaité au milieu de ces granits sévères ; on les entourait jadis de soins respectueux ; quelques rares propriétaires conservaient encore cette tradition. D'une petite cour, où était planté un cerisier, on a fait un atelier de zinguerie, en couvrant d'un carton bitumé cet espace minuscule, blotti sous le rempart ; on a respecté l'arbre ; on ne voit plus le tronc, mais sa branche maîtresse sort du toit et, au printemps, les bourgeons se développent ; l'arbre discret et heureux de vivre fleurit et donne aux moineaux quelques fruits, hors de l'atteinte des gamins qui ouvrent, sur les Petits Murs, des yeux de convoitise. Il n'en est pas de même partout ; à l'heure où j'écris, je vois de ma fenêtre, abattre un lilas et un cytise qui, les beaux jours venus, offraient aux passants charmés, se promenant sur la courtine du sud, l'un sa couleur vive, l'autre son parfum délicat. Que vont devenir les pauvres merles qui sifflaient, les corbeaux tournoyant autour des immenses cheminées et les mouettes, faisant un crochet au-dessus de l'avant-port et qui avaient l'air de venir voir ce qui se passait à l'intérieur de la ville murée ?*

Un peu plus loin, de gros blocs en ciment armé attendent, à pied d'œuvre, l'arrivée des cimentiers et des maçons, qui réduiront, d'un tour de main, ces belles fenêtres Louis XIV qui regardaient noblement, depuis près de trois siècles, les gens d'affaires de Saint-Malo se rendant « à leurs comptoirs ou à leurs offices », comme au temps du grand commerce avec la Mer du Sud. Déjà la révolution a descellé, détruit ou emporté ces belles rampes de fer forgé qui ornaient les vastes escaliers ; on frémit plus encore en pensant que d'admirables plafonds en bois sculpté,

des lambris d'acajou, bordés de baguettes d'ébène,
sont exposés à faire, sans espoir de retour, un voyage
au pays des dollars ; il n'est pas jusqu'à ces humbles
petits carreaux de verre, dont la pâte au sortir du
four du verrier, s'est figée en un bourbillon ver-
dâtre, rappelant les culs de bouteille, qui ne soient
l'objet de la convoitise de certains amateurs. Ici,
on fait disparaître sous une couche de ciment un
élégant écoinçon ponctuant une arcade légère ; là
on poche, avec des briques, un curieux œil-de-bœuf,
qui éclairait une mansarde. Combien de vieilles
portes, aux marteaux en cuivre ciselé ou simplement en fer forgé, sont branlantes le long des
étroites venelles et perdent le relief de leurs sculp-
tures ? L'humidité ronge le nez des grosses têtes
de lion qui ornent les vantaux et les guirlandes,
qui fleurissaient sous l'imposte et dans les encadre-
ments, sont, de jour en jour, privées de leurs fleurs
et de leurs feuilles.

Assurément, le droit de propriété est absolu et
certaines transformations, des démolitions même,
sont excusables et parfois justifiées ; les temps sont
durs et la vie matérielle, comme disait la vieille
Malouine, a souvent de cruelles exigences ; un ga-
rage rapporte plus qu'un jardin, un magasin avec
une longue devanture est plus facile à louer qu'un
rez de chaussée où la lumière pénètre mal ; et puis
les maisons de verre et de bois s'usent vite et disparaissent ; elles pourrissent et se disloquent :
« Vous seriez tout le premier à me condamner,

disait, dernièrement à un magistrat, archéologue à ses heures, la brave propriétaire d'une maison branlante de Saint-Malo, si un des chevrons de mon toit, ou une vitre de mes fenêtres secouées, depuis trois cents ans, par le noroùas, venait à se détacher et à tomber sur la tête d'un passant ! » Réflexion fort juste. Mais quand la blessure peut être pansée et le mal réparé, il apparaît bien qu'il faille respecter les vieilles choses. Le passé de Saint-Malo est si grand, si curieux, parfois si noble, si évocateur des grands événements, si digne, malgré quelques ombres, d'être donné en exemple, qu'il importe de le conserver précieusement et matériellement.

J'entends toujours la voix de Mgr Duchesne faisant aux archéologues de Saint-Malo cette suprême recommandation : « Ayons le respect et même le culte de nos vieilles pierres, dont plusieurs furent arrosées du sang de nos ancêtres ; il faut que toutes restent imprégnées de leur esprit ; tâchons de préserver de la démolition nos antiques façades et nos murs pittoresques de l'alignement dévastateur. »

Ecoutons aussi les enseignements de l'Histoire et sachons accepter celle-ci lorsque les faits qu'elle rapporte ne donnent pas satisfaction à nos désirs, même quand ils blessent notre amour-propre. Avant tout, l'historien doit être sincère, même celui qui, modeste et prudent, se cantonne dans ce qu'on appelle aujourd'hui la Petite Histoire : « En effet, dit M. Hayem, il n'y a pas deux histoires, pas plus que deux morales : il y a l'Histoire qui peut être variée dans ses moyens, mais non dans ses fins ; les moyens peuvent être différents, les procédés dissemblables suivant la nature des éléments qu'on possède et suivant le caractère et la disposition des auteurs. Les fins sont toujours identiques ; elles sont la mise en œuvre des réalités et la consécration de la vérité. L'historien, avant tout, doit être sincère, ne rien livrer au hasard, vérifier l'authenticité des pièces qu'il produit, citer les textes de façon à permettre le contrôle de ses recherches et de ses assertions, enfin ne conclure qu'après avoir exposé toutes les pièces relatives au sujet traité avec toutes les réponses qui exigent la prudence et la bonne foi. » (JULIEN HAYEM : Mémoires et Documents pour servir à l'Histoire du Commerce et de l'Industrie en France. Paris, 1925).

Je me suis inspiré de ces conseils et j'ai suivi cette méthode en écrivant cet ouvrage qui explique ou qui complète, si l'on préfère, Les Corsaires chez Eux *et* l'Aumônier des Corsaires *que j'ai publiés en 1925 et en 1926.*

Ces volumes n'ont pas été du goût de tout le monde ; je n'en ai été ni surpris ni mécontent ; j'ai eu, par contre, la grande satisfaction de voir le public accueillir avec une faveur marquée ces deux ouvrages sur les gens de Saint-Malo. Je me doutais bien, d'ailleurs, que des critiques acerbes s'attacheraient à ces productions : « On a beaucoup encensé les Malouins du Grand Siècle, écrivais-je, et ceux des règnes de Louis XV et de Louis XVI, de la Révolution et du Premier Empire; on les a encensés à leur en casser le nez ; *cette pratique fâcheuse fut encore d'un usage courant dans la première moitié du XIXe siècle ; je voudrais m'assurer qu'elle n'ait pas été continuée à la fin du XIXe siècle et au début du XXe ; j'accorde, cependant, qu'on y a mis plus de discrétion. Certes, on a eu bien raison de vanter l'héroïsme des Malouins, leur esprit commercial, leur attachement fidèle à leur rocher ; mais une ville qui, comme Saint-Malo, a le passé le plus glorieux qui soit au monde, un pays que la nature a orné de ses dons les plus magnifiques, ne saurait être surfait ni célébré avec excès. J'ai donc dit avec sincérité ce que je pensais de* la Course *et de ce qu'on appelait officiellement au XVIIIe siècle le commerce interlope avec la Mer du Sud.* Inde iræ. *Je crois même que si j'avais vécu au temps des dogues de Saint-Malo, on aurait lancé volontiers à mes trousses les chiens du Guet ; ils m'auraient peut-être dévoré tout cru, comme* M. de Kerouartz. (*Pour rassurer les âmes sensibles, je rappelle que cette effrayante aventure appartient à la légende*). *Mais les terribles gardiens de la Délos chère à Chateaubriand n'existent plus ; c'est à peine si seuls les aboiements de pauvres petits roquets troublent, aujourd'hui, le silence nocturne de la Cité des Corsaires.*

Certes il serait profondément ridicule de dénigrer de parti pris les gens de Saint-Malo, au temps de la Course, de l'Armement et de la Traite des Noirs. Tous les corsaires ne furent pas des héros, tous les armateurs des hommes généreux et bienfaisants, tous les négriers des cœurs d'or, d'un tempérament apostolique. Les Malouins n'étaient pas hommes à jeter l'argent par les fenêtres, comme le veut la légende des piastres fricassées. Cette légende, d'ailleurs, ne semble pas être très ancienne : on prétend que le capitaine Pradère Niquet, du temps du Premier Empire, avait coutume, au retour de ses fructueuses croisières, de faire frire dans une poêle des pièces d'argent et de les jeter brûlantes par la fenêtre pour que les gamins et les pauvres hères, qui stationnaient près de l'hôtellerie où l'on faisait ripaille, se les disputent et s'y échaudent les doigts. Un tableau, d'une peinture médiocre, conservé à l'Hôtel de Ville de Saint-Malo, représente cette singulière coutume, dénuée, il faut le reconnaître, de générosité et de délicatesse.

Les armateurs, l'histoire nous l'apprend, étaient si peu prodigues qu'ils refusaient même au roi tout subside et tout ayde. *Un jour, Sa Majesté, dans des circonstances pressantes, demanda une contribution de 50.000 livres aux gens de Saint-Malo. Ils firent la sourde oreille même à la voix de leur évêque. Furieux, Colbert écrivit : « Je n'ai pas douté qu'ayant à faire à des marchands fort grossiers et qui ne sont même pas accoutumés à exécuter les paroles qu'ils donnent, le succès ne fût tel qu'il l'a été. » Les choses allaient se gâter et déjà*

*les Malouins parlaient, sans doute, de se mettre en
République, quand un accord intervint ; les armateurs transigèrent pour 30.000 livres. Est-ce le
souvenir de ce fait qui a déterminé Renan, — on
sait qu'il vécut plusieurs mois à Saint-Malo, à différentes reprises, — à porter sur eux un jugement
d'une excessive sévérité, c'est possible, bien que
l'appréciation de l'illustre écrivain me semble plutôt avoir eu pour origine des considérations de famille ; mais il est bien certain qu'il ne faut pas
tomber d'un travers dans un autre, faire des Malouins des surhommes, des apôtres, des héros ou des
gens avides, avares, peu recommandables, des écu-
meurs de mer, des pirates, que sais-je ? Ils n'ont
mérité*

Ni cet excès d'honneur, ni cette indignité.

*C'est, précisément, dans cet esprit de justice que ce
livre a été conçu et écrit ; peut-être fera-t-il fron-
cer le sourcil à quelques braves gens dont le chau-
vinisme s'accorde mal d'une critique même légère ?
Peut-être cherchera-t-on à déchirer ce modeste ouvrage d'une dent plus dure que celle de l'elephas
primigenius découvert dans un gisement préhisto-
rique du pays ? Peu m'importe. L'honnêteté de mes
lecteurs, comme on le disait au Grand Siècle, me
tranquillise et me fortifie. Rien ne me serait plus
agréable que de les voir contrôler mes dires, s'assurer de mes références et remonter, dans les dépôts
d'archives, aux sources de mes informations, notam-*

ment aux Archives Municipales de Saint-Malo, aux anciens fonds des Archives Maritimes de Saint-Servan et plus particulièrement aux documents cotés, anciennement, C⁴ 184 à 422 et F² 1 à 71. Je n'avais, au surplus, aucune qualité pour m'instituer le défenseur de cette bonne ville de Saint-Malo et de ses grands hommes, que, d'ailleurs, personne n'attaque ; j'ai voulu seulement séparer l'ivraie du bon grain, l'erreur de la vérité, la légende de l'histoire. Le vieux Saint-Malo, dont le visage est peut-être un peu rude, mais franc et sincère, que je présente aujourd'hui au public, est, avant tout, un livre de bonne foi ; je l'offre aux lecteurs avec la plus absolue confiance et je serais très fier, s'il trouvait auprès des nombreux admirateurs de la Cité des Corsaires le même accueil bienveillant qu'ils ont fait à ses aînés.

ETIENNE DUPONT

LE VIEUX SAINT-MALO

CHAPITRE PREMIER

Le Port. — Les Quais. — Les Armements. — Le Commerce interlope. — Les Femmes et le Négoce. — Saint-Malo et les Pays étrangers.

Au début, le port de Saint-Malo n'était qu'un port d'échouage intérieur qui, ouvert du sud-ouest au nord-ouest, avait suffi, avec les rades avoisinantes, à placer Saint-Malo, dès le XVIIe siècle, au rang des principales villes maritimes de France ; bientôt, les pertes infligées par les corsaires malouins aux marines d'Angleterre et de Hollande déterminèrent la première de ces nations à venir, à deux reprises différentes, bombarder Saint-Malo. Vauban avait commencé à l'entourer de forts ; chargé d'étudier l'établissement d'un port de refuge par la Marine de l'Etat, il proposa (1698) de barrer la baie intérieure et de faire de Saint-Servan un vaste camp retranché. La résistance, l'entêtement des Malouins empêcha l'exécution du projet ; ils y voyaient la ruine de leur commerce maritime ; plus tard leurs intérêts leur con-

seillèrent de reprendre à peu près les plans de
Vauban.

Il n'entre pas dans le cadre de ce livre de
faire l'historique des travaux du port ; il convient seulement de rappeler que, jusqu'à
l'époque de la séparation politique des deux
villes (19 décembre 1790), les ports de Saint-
Malo et de Saint-Servan ou plutôt de Solidor,
étaient compris sous la dénomination unique
de port de Saint-Malo. L'entrée du port s'ouvrait entre la porte de Dinan, au nord, et les
rochers du Pouget (*Le Naye*), au sud. La partie
septentrionale de ce port était abritée par le
Sillon, sa partie orientale par les digues des
Talards, sa partie méridionale par la rive de
Saint-Servan. Son intérieur était sillonné par
deux ruisseaux, le ruisseau du *Petit Marais* au
nord, celui du Routhouan ou de *Grand Marais*
au sud. Il y avait sept ponceaux ; des sentiers
semés d'un léger cailloutage les réunis-
saient ; on les nommait le *Pont à l'Evêque*, le
Pont du Naye, le *Pont du Val* (entretenus par
Saint-Servan), le *Pont de la Grande Porte*, le
Pont des Laitières ou *des Galets*, le *Pont de la
Balise* ou *Pont aux Chiens* et le *Pont de Rocabey*
(entretenus par Saint-Malo). Le sol de ce vaste
emplacement, qui ne *couvrait* pas en entier à
chaque marée, était vaseux. Trois cents
navires, dit-on, pouvaient s'y ranger. C'était,
surtout, vers la partie orientale de la ville

de Saint-Malo que les navires marchands venaient se placer le long des quais ; le tonnage moyen de ces navires était de 250 tonneaux ; plusieurs allaient réparer sur leurs dragues, soit aux grèves de Chasles, soit au Val, soit à Trichet en Saint-Servan ; d'autres enfin utilisaient les *Talards*, qui pendant des siècles, avaient formé une sorte d'île dans la baie intérieure de Saint-Malo ; c'est là que se trouvaient le *Sanitat* (1583), le *Magasin à Poudre* (1706) et l'*Arsenal de la Marine*. On y comptait aussi deux moulins et des corderies. On a prétendu que le *Port de Thalasse*, où s'embarquèrent Pantagruel et Panurge pour leur grand voyage à la recherche de l'oracle de la Dive Bouteille et que Rabelais place auprès de Saint-Malo, ne serait autre que le *Talard*. Le pilote de l'expédition Jamet Brayer serait Jacques Cartier auprès duquel, selon l'historien malouin Thomas de Quercy dit le chanoine Doremet, (auteur très sujet à caution), Rabelais serait venu apprendre les termes de marine et de pilotage.

Les anciennes cartes figuratives des *Talards* et des *Marais* desséchés en 1713 représentent les Talards sous la forme d'un ovale très allongé ; la partie nord avait accès à la grève intérieure par une cale tournée vers le Pont à Rocabey ; elle renfermait les corderies ; la partie centrale ne présentait aucune construction importante ; la partie sud était la plus considérable, ayant deux et même trois *Maisons de Santé*, un *Magasin aux Poudres* dominant une petite cale du port « où étaient bâtis les vaisseaux » ; à l'extrémité se trouvait le *Moulin*, non loin duquel, sur la grève, on voyait le *Pont du Val* ; les Talards étaient séparés des anciens Marais par le chemin de la Haute-Bretagne et par la Grande Digue jusqu'au Moulin de l'Hôpital. Une canalisation traversait la partie sud du Talard, entre le Moulin et le Magasin des Poudres ; les eaux, recueillies aux sources de *l'Hôpital Général*, bâti sur les terrains dit du *Grand Val* en 1679, étaient amenées par un tuyau à la Grande Porte de Saint-Malo ; cette conduite franchissait, en amont du pont du Val, la grève comprise entre l'Hôpital et le Moulin, traversait le Talard et se dirigeait en droite ligne jusqu'au Petit Pont ; là, elle formait un coude et se rendait, toujours en ligne droite, à Saint-Malo pour se terminer, on l'a dit, à la Grande Porte près de la tour du Sud.

Le *Port de Solidor* était surtout utilisé pour la construction des vaisseaux de guerre ; le port Saint-Père, sous la presqu'île de la *Cité*, était mieux abrité des vents d'ouest et du nord. Il suffira également de rappeler qu'autour de Saint-Malo on distinguait, jusqu'à la fin du XVIII° siècle et même après, trois grèves : la *Grande Grève* au nord-est, la *Grève de Saint-Malo* au nord et la *Grève de Bon Secours* à l'est. Il est souvent question, dans les documents antérieurs à 1800, de la *Petite Grève* ; elle a disparu, lorsque les fonds vaseux de la mer intérieure ont été endigués entre Saint-Servan, les Talards, Rocabey et la chaussée du Sillon. A Rocabey existaient des grils de radoub ainsi que des chantiers qui s'étendaient le long de la chaussée ; c'est là que les navires se mettaient au sec pour le calfatage et le goudronnage de leurs coques.

La grande grève s'étendait de la courtine Saint-Thomas à l'extrémité est du Sillon ; la grève de Malo commençait au Fort National et se terminait à la tour Bidouane (poudrière) ; le 29 novembre 1693, la machine infernale, dirigée par les Anglais contre la poudrière, fit prématurément explosion sur le *rocher Malo* sans occasionner de grands ravages ; ils furent, cependant, plus considérables que ceux rapportés par les chroniques, héroïco-burlesques du temps ; quant à la grève de *Bon Secours*, elle s'étendait sous les Petits Murs et la Hollande.

L'entrée du port de Saint-Malo était très difficile par suite des nombreux écueils qui parsemaient sa rade et sa baie ; il fallait être bon manœuvrier pour s'engager dans *les Passes*. Plusieurs navires, qui avaient heureusement franchi le cap Horn, s'éventrèrent sur ces roches autour desquelles s'entrecroisaient des courants de *foudre* ; le balisage était sommaire et les passes n'étaient point éclairées. Aussi était-il rare que les navires entrassent la nuit ; mais le port était signalé aux vaisseaux, venant du large, par le feu de Fréhel : il mérite une mention particulière.

Son entretien s'élevait, au début, à 3.595 livres par an ; l'éclairage se faisait au moyen de charbon de terre, qui brûlait dans un fourneau grillagé ; 25 tonneaux de houille étaient consommés chaque année ; la garde du feu fut confiée à partir du 28 juin 1717 à Antoine Thévenard serrurier, rue de La Fosse, à Saint-Malo ; bientôt, on se plaignit de l'adjudicataire ; l'allumage, disait-on, est très intermittent : « Je croirais bien, écrivait vers cette date le gouverneur de Saint-Malo, que l'on allume le feu tous les soirs ; mais les gens qui en ont soin vont se coucher après et ne s'en mettent plus en peine ». La communauté de Saint-Malo, à la demande des armateurs qui redoutaient pour leurs navires les dangers d'une côte mal ou peu éclairée, s'offrit à l'Etat pour l'entretien de la *lanterne* ; elle proposa même le remplacement du grand fourneau grillagé où brûlait le charbon, cause de tant de contestations, « par un fanal brûlant de l'huile et fermé par des glaces ».

Mais Antoine Thévenard n'entendait pas de cette oreille-là ; il trouvait la place excellente et mettait de côté des tonnes de charbon. Il protesta ; sa femme s'en mêla : elle avait de l'audace : « C'est une honte, écrivit-elle à l'intendant, de vouloir mettre à la porte le gardien du fanal qui est là, depuis plus de dix ans, avec ses sept enfants et ses meubles et de le laisser en pleine lande ». Enfin, Thévenard, après avoir, sans doute, reçu une indemnité, quitta la place et, à partir de 1729, la lanterne de Fréhel, qui trop souvent, avait ressemblé aux lanternes de Falaise, fut un peu mieux et un peu plus souvent allumée.

Le phare de Fréhel était entretenu au moyen d'une taxe « de deux sols par tonneau » sur les vaisseaux et autres bâtiments navigant entre Fréhel et Régnéville près Granville. Des receveurs furent installés à Saint-Malo, Granville, Régnéville et Cancale. C'est grâce à leurs registres que l'on peut établir le tonnage des navires qui entrèrent à Saint-Malo de 1717 à 1732 : 32.880 tx. en 1717 ; 39.766 tx. en 1718 ; 35.934 tx. en 1719 ; 28.768 tx. en 1720 ; 27.487 tx. en 1721 ; 32.315 tx. en 1722 ; 36.403 tx. en 1723 ; 30.456 tx. en 1724 ; 30.117 tx. en 1725 ; 28.677 tx. en 1726 ; 30.186 tx. en 1727, 39.271 tx. en 1728. On se rappellera que le tonneau, dans le commerce maritime, a conservé, de nos jours, son ancienne valeur, qui était de 42 pieds cubes, ce qui correspond à 1 mc. 44 ; le tonneau anglais vaut 2 mc. 83.

Les quais de Saint-Malo sont d'origine plutôt récente ; la mer primitivement battait le pied des remparts ; les navires jusqu'au XVIe siècle venaient « *s'affourcher* soit devant la *Grande Porte*, où on les déchargeait à mer basse, soit dans l'anse de *Mer Bonne*, c'est-à-dire sous la tour de la Poissonnerie, la poterne et les murs de la Croix du Fief ; ils y étaient mieux abrités. Cela explique pourquoi les premiers quais furent construits dans cette partie de Saint-Malo. Ils formèrent deux tronçons d'une longueur d'environ 150 mètres, d'une largeur de 6 mètres ; le premier tronçon, ou *Vieux Quai*, était perpendiculaire à la tour de la Poissonnerie, l'autre se trouvait entre le Vieux Quai et le Château ; un troisième tronçon fut établi dans des conditions assez défectueuses, en 1683, au sud-ouest de la Grande Porte ; il mesurait 115 mètres de longueur.

Le port de *Mer Bonne* disparut dans le premier agrandissement ; il fallut remplacer ces deux quais ; un quai alla de la Grande Porte à la Tour du Château, dite la Générale (1713), l'autre Quai, de cette tour à l'entrée du Sillon (1717) ; il longeait le château. Leur largeur moyenne était de 22 mètres, leur longueur totale de 180 mètres.

On songea bientôt à *border* l'avant-port et le port que séparait l'*Eperon Saint-Louis* faisant brise-lames ; on construisit donc, de 1722 à 1724, le *quai de Dinan* et le *quai Saint-Louis*, d'un développement de 250 mètres : mais ils étaient fort étroits et peu commodes. Ces renseignements, donnés par l'ingénieur Garangeau, sont d'accord avec les documents conservés aux archives (1731).

En 1830, les quais défectueux et menaçant ruine furent améliorés, relevés et élargis. (1835-1836) ; on amorça le *Môle des Noirs* ou jetée du port, terminé en 1842, longueur 275 mètres, avec un petit phare, à l'angle du bastion Saint-Philippe ; l'*Eperon Saint-Louis* fut démoli et le quai de Dinan, ainsi que la cale du même nom, furent construits (340 m. de longueur, 11 m. de hauteur), le *quai Saint-Louis* fut refait (1839) ; puis le *quai Saint-Vincent*, de la grande porte au Sillon (1841-1849). Le quai *Duguay-Trouin* va du quai de l'Esplanade à Rocabey (1860-1864) : (longueur 730 m., largeur 107 m.) ; mais tous ces travaux postérieurs au XIXe siècle n'appartiennent pas à l'histoire du Vieux Saint-Malo.

Nous revenons à celle-ci en rappelant qu'en 1698, Vauban avait proposé de créer, à Saint-Malo, un immense port de refuge ; d'après son plan, la grande baie intérieure

était convertie en un bassin à flot au moyen
d'une digue éclusée, allant de *l'Eperon* aux
rochers du *Naye* (1698-1699) ; les Malouins
s'opposèrent énergiquement à ce projet, affirmant qu'il serait la ruine de leur commerce
maritime. D'après un état dressé, à Nantes,
le 3 janvier 1708, Saint-Malo comptait, alors
comme marine marchande, 90 vaisseaux,
99 barques, 50 chaloupes, 211 bateaux, au
total 417 navires. Il venait après Nantes
1332, Brest 936, Bordeaux 644, Le Havre
570 et Marseille 463. Le projet de Vauban fut
repris en 1835, par M. de Caudemberg et
reçut un commencement d'exécution ; actuellement d'autres grands travaux sont en
cours ; ils ne se rattachent pas à notre sujet.

C'est, d'ailleurs, l'histoire économique du
port de Saint-Malo, bien plus que l'histoire
de sa construction, qui est vraiment intéressante ; la question du *port franc* mérite surtout d'être exposée.

« Ce fut, dit M. Sée, le port de Saint-Malo
qui revendiqua le plus vivement la franchise au XVIIIe siècle, d'abord en 1712, puis
en 1737 et surtout en 1758. C'est que Saint-
Malo, par sa situation même, regardait plutôt vers l'étranger que vers l'intérieur de la
France ». Ne se trouvant pas au débouché
de rivières navigables, sans *hinterland*, le port
était propre surtout soit à la *course*, soit au

commerce de commission, soit aux expéditions du trafic interlope (*Mém. et Doc. pour
servir à l'Histoire du commerce en France, sous la
direction de Julien Hayem, IXᵉ série*, p. 133).

Le *Mémoire* que les Malouins rédigèrent en
1737 rappelait que, depuis la fondation de
leur ville, ils n'avaient jamais cessé de jouir
de la franchise ; le commerce avec l'Espagne
en serait grandement favorisé. Ce commerce
est l'unique source de l'or et de l'argent.
Comme la France ne produit pas toutes les
marchandises que réclame l'Espagne, « l'habi-
lité du négociant est de savoir assortir les
marchandises que nous avons de celles que
nous n'avons pas, par exemple les lainages
anglais, si recherchés en Espagne. C'est à
Saint-Malo qu'on peut le mieux composer
ces assortiments ; il est utile de ne pas en laisser le profit aux étrangers. Enfin c'est à Saint-
Malo qu'on pourra réunir le mieux les maté-
riaux dont a besoin le port de Brest : Saint-
Malo est un magasin perpétuel, d'où sorti-
ront, au premier besoin, le brai, le goudron,
le chanvre, les mâtures et tous les bois de
construction ».

Ce fut un *tolle général* dans les autres ports.
On traita les Malouins d'accapareurs, pire
encore. Ils répondirent : « La franchise du
port de Saint-Malo ne causera aux autres
ports aucun dommage. Seuls les Anglais et

les Hollandais perdront ce que Saint-Malo possédera. Notre port est, d'ailleurs, bien éprouvé depuis 1688 ; nous reconnaissons que la perte des franchises a été adoucie par *la Course,* puis par le commerce de la Mer du Sud ; mais, aujourd'hui, nous n'avons pour toute compensation que la pêche à la morue, commerce très casuel ». Ils ajoutèrent un peu plus tard (1759) : « Nous pourrions aussi nous livrer au cabotage ; malheureusement nous n'avons pas les ressources des grands ports, situés au débouché des rivières ».

Nantes surtout protesta avec violence contre les agissements de Saint-Malo. On entassa *Mémoire* sur *Mémoire* et l'on échangea de dures paroles. Les habitants de la Rochelle déclarèrent même que les Malouins « qui voulaient attirer tout à eux étaient des gens peu laborieux et amis de la bonne chère. Ils voulaient que les alouettes leur tombâssent toutes rôties dans le bec ».

Finalement, après enquête, le port de Saint-Malo n'obtint pas la franchise sollicitée si âprement et pour laquelle ses habitants avaient remué ciel et terre. A la veille de la Révolution, on ne comptait en France que quatre ports francs : Marseille, Bayonne, Dunkerque et Lorient. Saint-Malo garda une éternelle rancune au gouvernement d'avoir paralysé les progrès de son trafic. Il n'avait pas, cependant, sujet de se plaindre; le commerce avec l'Amérique espagnole, grâce à l'intermédiaire de Cadix et même directement, la *Course* et la *Traite* avaient singulièrement enrichi les Malouins. Ils conservèrent leur opulence au moins jusqu'à la moitié du XVIIIe siècle, parce que, ainsi que le remarque M. Sée, des capitaux considérables avaient été accumulés dans la ville, que celle-ci possédait toujours sa race de marins audacieux, ses familles de négociants avisés et ses armateurs entreprenants ; la pêche à la morue était devenue une de ses plus belles ressources ; la traite des Noirs laissait de beaux profits : la Course donnait des bénéfices appréciables. En vérité, les Malouins ne pouvaient tout avoir et l'on comprend à merveille que des hommes d'Etat, comme Colbert, en présence de leurs incessantes réclamations, aient quelquefois porté sur eux un jugement assez sévère.

Les armateurs malouins n'agissaient pas toujours seuls et pour eux-mêmes ; ils recueillaient parfois des capitaux qu'ils consacraient à des affaires personnelles ; rentiers, magistrats, hommes de loi, négociants, leur baillaient des fonds ; l'intérêt versé était généralement de 12 à 15 pour cent. Quelquefois il s'agissait d'une simple participation à l'armement de tel ou tel navire; les opérations

étaient surtout avantageuses, quand on s'était
assuré, après une traite négrière, par exemple,
de bons retours. Ils ne dédaignaient pas non
plus d'entrer en rapport avec des Juifs, dont
ils se plaisaient d'ailleurs à reconnaître la
probité (H. Sée, *Revue des Etudes Juives*. Avril-
juin 1925. *Le Commerce des Juifs en Bretagne au
XVIIᵉ siècle*).

Une branche importante des affaires est la
commission, soit pour le compte de particuliers, dont l'armateur dirige le placement,
soit pour celui des négociants. Leurs comptes
ainsi que leurs correspondances établissent
que les armateurs de Saint-Malo étaient en
relations très actives avec des juifs portugais
établis à Londres et avec lesquels ils bras-
saient de grosses affaires de toiles et d'indigo.
Un seul armateur de Saint-Malo y avait
en 1724, un stock d'indigo de Saint-Domingue
de 15.000 livres. Un autre article important
était les soieries. Les Malouins s'adressaient
à des commissionnaires de Lyon, dont le
principal se nommait Ravachol. Ils ache-
taient aussi des rubans pour les pacotilles
et surtout des rubans dorés, à condition
que l'or eût un bel œil. Les dentelles
du Puy, les étoffes d'or et d'argent, les pe-
luches d'Amiens et les chapeaux étaient des-
tinés au commerce interlope, c'est-à-dire aux
colonies espagnoles de la Mer du Sud et au

Mexique ; pour les chapeaux, on distinguait les chapeaux ordinaires « tout blanc » et les chapeaux pour nègres ; les premiers devaient être garnis de coiffes de satin de différentes couleurs, mais leur poids ne devait pas dépasser 9 onces 1/2 (310 grammes environ), les *chapeaux pour nègres* n'étaient pas garnis, on s'en doute un peu, de coiffes de soie, mais ils devaient être résistants. On destinait au Mexique les bas de soie pour hommes et femmes. On s'approvisionnait aussi d'huile, de papier, d'amandes douces et amères, d'anchois et de savon fin. Les armateurs de Saint-Malo se préoccupent également des articles de modes. L'un d'eux commande à Lyon pour le compte d'un commerçant de Madrid 500 paires de bas de soie, d'une valeur de 2.981 fr. MM. Pardo, Freyre et Cie de Cadix commandent de beaux articles pour dames : « C'est bien là, dit l'armateur, qu'il faut avoir recours. *Paris, c'est bien le centre de la mode et du bon goût* ». Lettre du 3 août 1769. Tous ces petits articles d'exportation donnent de jolis bénéfices ; malheureusement, on exagère souvent le prix « par suite d'une passion désordonnée de s'enrichir qui donne si fort dans le siècle où nous vivons. » (Lettre à Bourgblanc : 1er septembre 1775).

L'achat de l'eau-de-vie nécessaire à la traite est l'objet de soins particuliers. En 1738, 13.000 veltes (la velte vaut 7 litres 20) d'eau-de-vie sont achetées à Bordeaux. On traite aussi, quelquefois, avec un négociant d'Amsterdam qui, vraisemblablement, doit fournir de l'eau-de-vie de grain. En résumé, durant la première moitié du XVIIIe siècle, le commerce avec l'Amérique espagnole par l'intermédiaire de Cadix tient à Saint-Malo une place prépondérante, tandis que, contrairement à ce qui se passe à Nantes, la *traite des noirs* ne joue à Saint-Malo qu'un rôle de second plan (H. Sée, *Ouvr. cité*, p. 55). A partir de 1751, le marché de Saint-Malo semble devenir moins important ; les menaces de guerre se précisent, des crises commerciales graves, la crainte d'une guerre avec l'Angleterre inquiètent tous ces trafiquants. Les Malouins envisagèrent cette éventualité. L'un deux écrivait à une de ses clientes, Mme de la Moysière, à la date du 6 août 1755 : « Il n'est pas douteux que la guerre venant à se déclarer, on armera des corsaires, ici ; dans ce cas, nous nous chargerons nous-mêmes, si vous le souhaitez, de procurer à vos amis les intérêts qu'ils souhaiteront, en nous attachant à ce qu'il y aura de mieux ». On le voit, la guerre était considérée, parfois, dans le haut commerce, comme une source de profits. A vrai dire, les négociants et les armateurs déchantèrent plus d'une fois.

Après la guerre de Sept Ans, l'activité commerciale va se retrécir de plus en plus ; la traite négrière est réduite ; deux navires seulement, le *Prince de Conti* avec 800 noirs, et la *Pauline* avec 300 suffiront ; en 1770, deux négriers sont seulement en construction ; ils ne chargeront pas plus de 1.000 noirs ; mais la navigation est encore active avec Cadix et le commerce de la toile est toujours important ; la pêche à la morue laisse de beaux bénéfices. Malheureusement, plusieurs faillites, survenues à l'étranger et principalement à Séville et à Cadix, éprouvent les maisons de commerce de Saint-Malo ; à Saint-Domingue, les affaires languissent, disent les banquiers et les armateurs, et le commerce de Terre-Neuve devient fort ingrat ; puis éclate la révolution ; la déclaration de guerre à l'Angleterre porte un coup fatal aux armateurs et aux négociants de Saint-Malo ; les transactions maritimes vont être suspendues pendant près de vingt ans ; les Malouins, pendant cette période, ne s'occuperont plus que de la *Course* ; on a vu ou on verra quels ont été les lamentables résultats économiques de celle-ci. Le port de Saint-Malo verra disparaître complètement ce commerce de la toile qui pendant de si longues années avait fait sa richesse et créé son opulence. Au XIXe siècle, il vivra surtout de la pêche à la morue et les pacifiques relations de la

France avec l'Angleterre lui permettront de développer, très utilement, à une époque contemporaine, des relations commerciales que fortifiera, sans cesse, l'exportation des primeurs et des légumes et l'importation des charbons anglais.

On vient de voir que Saint-Malo avait éprouvé le fâcheux contre-coup de la déconfiture de plusieurs grosses maisons de commerce et de banques d'Espagne, conséquence des relations étroites qui unissaient le port espagnol au port breton.

Les armateurs éprouvaient aussi les plus sérieuses difficultés à recruter des actionnaires, surtout quand il s'agissait de navires armés en course. Les armateurs se plaignaient souvent d'être roulés, moins toutefois, observe avec raison M. L. Vignols, que dans la traite négrière. Déjà, en juillet 1711, on se plaignait du peu de clarté des comptes de certains armateurs. « Quoi d'étonnant dans ces conditions, dit M. de Valincourt, secrétaire général de la Marine, que le public se soit, à la fin, rebuté d'engager ses capitaux dans de pareilles opérations ; il se passe des friponneries énormes ». Des règlements et des ordonnances tentèrent en vain d'enrayer le mal et de faire cesser la fraude ; mais ces pratiques n'avaient pas encore cessé, non seulement sous le Premier Empire, mais encore aux derniers temps qui précédèrent la fin de la Course.

Les Malouins avaient donc établi à Cadix et à Malaga de véritables comptoirs ; c'était même plutôt des succursales que des agences ; beaucoup de familles y envoyaient leurs enfants, surtout à Malaga, à *Malgue*, comme on disait alors. Un séjour à Cadix ou à Malaga, de plusieurs années, passait pour être la meilleure préparation à ces expéditions à la Mer du Sud *où le commerce était gras*, comme il est dit dans les *archives municipales de Saint-Malo* (C. C. 380). C'était un magnifique débouché pour la jeunesse. « La jeunesse malouine, disait-on dans la Cité des Corsaires, n'est pas faite pour paresser à terre, s'exercer au style de la chicane, s'enivrer dans les cabarets et s'adonner à l'amour que Diogène, rappelait un habitant de Saint-Malo, dit être l'affaire des gens qui n'ont rien à faire ». « Ce n'est pas au jeu de paume, disait un autre Malouin, qu'il faut se rendre pour prendre des forces en corps et en esprit, mais bien au large ».

C'est pourquoi les meilleures familles du pays y envoyaient leurs enfants. Les Robert Mennais furent de ceux qui restèrent le plus longtemps attachés à la terre espagnole et ils y tinrent, durant de très longues années, un comptoir riche d'affaires.

Les registres paroissiaux ont conservé les

noms d'un assez grand nombre de Malouins qui séjournèrent en Espagne, au XVII⁰ et au XVIII⁰ siècle, et y décédèrent, savoir : Guillaume Boulain (1614), Jacques Chenu (1659), Jacques et Yves Le Gouverneur (1621), Bertrand Groult de la Salle (1610), Launay Langavant (1620), etc., etc. Les mêmes registres nous apprennent aussi que Jean Trublet de la Villepoulet, Pierre Le Gouverneur, Lefer de Bonaban, Athanase Lejoliff de la Villaly, Pépin du Bignon y séjournèrent souvent. Plusieurs Espagnols vinrent aussi se fixer à Saint-Malo. On y a conservé le nom d'un nommé Diego de Almygro y Toledo, agent commercial d'une réputation assez louche qui séjourna à Saint-Malo en 1702. Un gentilhomme d'Espagne, Veragua, secrétaire du marquis de la Jamaïque, y vint aussi en 1710 pour y négocier certaines affaires avec l'armateur Bourdas (*Arch. Nat. Marine* B⁷ 24, B⁷ 82, cités par DAHLGREN). On comprendra mieux, maintenant que dans ses *Mémoires d'Outre Tombe*, Chateaubriand se soit exprimé ainsi : « Mes compatriotes avaient quelque chose d'étranger qui rappelait l'Espagne. Des familles malouines étaient établies à Cadix ; des familles de Cadix résidaient à Saint-Malo. La position insulaire, la Chaussée (*le Sillon*), l'architecture, les maisons, les murailles de granit de Saint-Malo, lui donnent un air de ressemblance avec Cadix. Quand j'ai vu la dernière ville, je me suis souvenu de la première ? »

Mais rien n'autorise, historiquement et ethnographiquement parlant, à dire, comme on l'a prétendu, que Saint-Malo (on a ajouté Cancale et Granville), a été créé par des colonies espagnoles. Ceci est de la pure fantaisie. Une chose est certaine, c'est le rôle considérable que joua Cadix dans les relations commerciales des Malouins avec la Mer du Sud.

Il est bien difficile, si non impossible, d'évaluer, même approximativement, les bénéfices que les armateurs de Saint-Malo réalisèrent au XVIIIe siècle dans leur commerce avec *la Mer du Sud*. Il semble bien, toutefois, que ces bénéfices aient été fort exagérés. Deux hommes, qui ont été mêlés de près à ces opérations, Jourdan, le fondateur de la Compagnie de la Mer du Sud et Bénard de La Harpe, député de Saint-Malo aux États de Bretagne, prétendent, le premier, que les navires français ont importé plus de 300 millions de livres en argent et, le second, plus de 400 millions, de 1703 à 1720. Ces évaluations sont certainement exagérées. Si on se rapporte aux déclarations officielles qui ont été passées par les capitaines au retour de ces expéditions, on atteint une somme de 120 millions ; il ne faut pas, il est vrai, oublier que

ces déclarations n'étaient pas toujours sin-
cères, car, pour échapper à un impôt ou taxe
d'entrée dite *indult*, les capitaines et les armateurs accusaient des chiffres bien inférieurs à
la réalité ; c'est ainsi que pour 14 déclarations
sur 53 navires, l'importation avouée était de
29.074,929 livres, alors que le montant réel
s'élevait, d'après les agents du Fisc et de la
Marine, à 63 millions. Enfin les pacotilles
augmentaient d'une façon très appréciable,
la valeur des cargaisons.

La pacotille, assez réduite à son origine, prit,
peu à peu, de l'extension ; c'était, pour les
capitaines et même pour les hommes de
l'équipage, une source de profits, de gros profits ; aussi l'État qui ne perd jamais ses droits
finit-il par percevoir un droit sur les pacotilles. L'excès des pacotilles constituait même
un délit. M. Jean-Baptiste Garnier-Fouge-
ray, pour avoir entassé des pacotilles dans
son expédition sur le *Minerva* fut dénoncé par
deux employés aux Tabacs et aux Cafés et
écroué, d'ordre du Roi, au château de Saint-
Malo, puis au Port-Louis, à Rennes et à
Vannes. Il subit une prison préventive de
318 jours. Son traité d'embarquement pré-
voyait, outre la confiscation de la pacotille,
la perte des salaires et une amende de
3.000 livres.

Voici, d'après des documents officiels, le

montant, en piastres, des sommes rapportées par une vingtaine de navires, presque tous du port de Saint-Malo, aux jours de la grande prospérité commerciale ; la piastre valait à cette époque, 3 fr. 40 environ : le change était un peu plus élevé à La Rochelle.

Saint-Paul (1701-1703)	80.000 p.
Président Grénedan (1701-1703) .	1.259.149 p.
Baron de Breteuil (1703-1705) . .	2.150.000 p.
Charles-Boromée (1703-1706) . .	500.000 p.
Comte de Thorigni (1705-1707) .	344.953 p.
Saint-François (1705-1709). . .	795.000 p.
Le Sage Salomon (1705-1709) . .	740.000 p.
Saint-Louis (1706-1707)	400.000 p.
Aurore (1706-1708)	284.000 p.
Phélippeau (1707-1709)	779.639 p.
Saint-Charles (1707-1709) . . .	410.687 p.
Saint-Jean-Baptiste (1707-1709) .	258.966 p.
Hermione (1710-1713)	810.000 p.
Grand Saint-Esprit (1711-1717) .	3.000.000 p.
Saint-Jean-Baptiste (1712-1717) .	250.000 p.
Grand Dauphin (1714-1717) . .	900.000 p.
Saint-François (1714-1717). . .	90.000 p.
Prince de Parme (1715-1718) . .	45.000 p.
Marie-Rose (1712-1715). . . .	480.000 p.
Grand Saint-Esprit (1711-1717) .	3.000.000 p.

Dans ces sommes ne sont pas comprises les pacotilles, on peut les estimer à 15 °/₀ de la valeur du chargement. On devra se rappeler aussi que la valeur de la piastre était variable. Généralement elle était de un écu ou 4 livres. (1704) les écus de France étaient alors au titre de 11 deniers ; les piastres mexicaines au titre de 11 deniers, 2 grains, donc 2 grains par marc de différence. (*Arch. Nat. Marine* B[7] **232**). Il arrivait aussi que les Malouins ne voulaient pas toujours accepter les piastres au change fixé par le Gouvernement.

Mais il ne faudrait pas croire que tout était bénéfice dans ces expéditions ; les frais d'armement, les salaires de l'équipage, les primes d'assurances, l'achat des matières commerciales, les risques énormes courus par les navires (naufrages, incendies, prises par les flibustiers, confiscation par les autorités espagnoles, lorsque le commerce interlope était connu), réduisaient singulièrement les bénéfices ; cependant une bonne expédition donnait aux armateurs un bénéfice de 120 pour 100 ; la moyenne de 80 pour 100 peut être retenue.

L'épargne et l'économie, ces grands facteurs de la richesse, étaient aussi très familières aux Malouins. Un auteur qui, cependant, est généralement favorable aux armateurs de Saint-Malo, M. l'abbé Poulain, rapporte que ceux-ci cherchaient à s'exempter le plus possible des contributions et que certains d'entre eux se retiraient dans leurs maisons de campagne, afin de ne pas fournir de logement aux troupes.

Aussi s'élevait-il souvent des conflits entre le fisc et les contribuables. Dans la matinée du 20 octobre 1710, tout Saint-Malo était en émoi, on venait d'apprendre l'arrestation, au lever du soleil, de l'armateur Lalande-Magon et du capitaine Porée. Depuis quelques jours, on se doutait bien que de graves événements allaient se passer. On savait que M. Ferrand, intendant de Bretagne, était venu à Saint-Malo le 28 septembre et avait eu de longs entretiens avec M. Lempereur, ordonnateur de la Marine. On n'ignorait pas non plus que des divergences profondes séparaient l'ordonnateur et l'intendant, au sujet du règlement de certaines affaires maritimes, mais jamais on aurait pensé que M. Lalande-Magon serait arrêté d'ordre du roi !

Avait-il été convaincu d'avoir fait comme tant d'autres, le commerce avec la Mer du Sud que prohibaient, plus au moins hypocritement, les ordonnances royales ? Avait-il recruté des équipages à l'étranger, contrevenu aux soumissions qu'il avait signées ? Les Malouins ne pouvaient le croire. Certes il brassait beaucoup d'affaires, mais il passait pour être un des armateurs et un des négociants les plus consciencieux du pays. On apprit, le lendemain, que son crime consistait dans le refus de payer un impôt. Le capitaine Alain Porée était considéré comme étant son complice. Voici les faits.

Le navire *Notre-Dame de l'Assomption*, capitaine Alain Porée, un des meilleurs hommes de mer auxquels Saint-Malo ait donné naissance, avait quitté ce port, le 13 février 1708, muni d'une autorisation demandée sous le prétexte ordinaire *d'aller aux découvertes*. Cette expédition, très mouvementée, passait pour avoir été très fructueuse. Le 28 août 1710, Alain Porée rentrait à Saint-Malo : Lempereur avisa immédiatement le Ministre, M. de Pontchartrain et lui donna à entendre que le *Notre-Dame de l'Assomption* rapportait près de 12.000.000 de livres, y compris les pacotilles et que les personnes intéressées dans l'entreprise s'attendaient de retirer un profit de 150 % sur le capital engagé.

La déclaration officielle, faite par le capitaine Alain Porée quelques jours plus tard, ne dépassait pas 1.500.000 piastres, soit 4.197.500 livres, la piastre étant comptée en septembre 1710, à 3 livres 13 sols. Il est pour ainsi dire impossible de convertir cette somme de plus de 4.000 millions de livres en francs actuels, en raison des variations considérables du pouvoir d'achat; on peut toutefois risquer le chiffre de 20 millions de francs. Ces gains inouïs excitaient la jalousie de l'étranger et Pontchartrain lui-même ne se cachait pas pour exprimer son ressentiment envers « ces négociants de Saint-Malo qui publiaient leurs richesses et excitent ainsi les Espagnols contre les Français ».

Après diverses tractations avec la cour d'Espagne, le gouvernement de Versailles saisit le Conseil qui, le 24 septembre, rendit un arrêt ordonnant la levée d'un *indult* de 6 %. sur *l'Assomption*, mais le roi estimant que les assujettis ne manqueraient pas de bonnes raisons pour soutenir que cette taxe était vraiment trop lourde, la réduisit à 4 %.; l'impôt se montait donc à 167.900 livres.

En recevant la note, les Malouins hurlèrent comme des loups. En vérité, le Roi voulait les dépouiller ! M. Moreau, député de Saint-Malo au Conseil du Commerce, écrivit au Ministre une lettre hardie et menaçante, quand il apprit l'arrestation de MM. Lalande-Magon et Alain Porée : « Quel est donc leur crime, demandait-il au Ministre ?... Celui de ne pas vouloir donner une partie d'un bien qui leur est acquis pour avoir essuyé les risques de la mer et des ennemis ? Arrêter un homme de la conséquence (*sic*) de M. Lalande-Magon est chose d'un terrible exemple ; s'il se retirait du commerce et qu'à son imitation vingt autres particuliers de Saint-Malo en fissent autant, certainement le royaume s'en ressentirait ». Le ministre, à vrai dire, ne fut pas bien effrayé par les menaces des armateurs ; il savait que le négoce était florissant à Saint-Malo et que les commerçants, armateurs et capitaines, se garderaient bien de se mettre en grève. Pontchartrain demeura inflexible ; toutefois le roi décida que *l'indult* ne serait calculé que sur le bénéfice net, les frais de l'armement déduits ; les Malouins s'ingénièrent, bien entendu, à les grossir ; finalement, ils durent payer une somme de 160.000 livres, sur les 4 millions encaissés ; il leur restait encore un joli bénéfice.

Aussi, en sortant libérés du château de Saint-Malo, le 16 octobre 1710, MM. Lalande-Magon et Alain Porée, qui avaient été privés de la liberté, pendant un peu plus de deux semaines, avaient un petit air guilleret et content. On l'eut eu à moins.

A toutes les époques, les femmes de Saint-Malo se sont intéressées à l'armement ; les documents officiels, dès le XVIIe siècle, les qualifient *d'armatrices* ou *d'armateuses*.

Au commencement du XVIIe, à l'apogée de la prospérité commerciale de la Cité Corsaire, trois femmes, « appartenant à la bonne société » (*sic*), s'occupèrent activement d'expéditions maritimes ; c'étaient Mesdames de Beauséjour Sauvage, Onfroy du Bourg et Lefèvre des Prés. En général, elles firent de bonnes affaires et le veuvage de deux d'entre elles leur donnant de longs loisirs, elles en profitèrent pour grossir leur magot. C'était aussi des femmes d'action qui préféraient le commerce de la toile et du café à la lecture de *la Chandelle de l'Ame*, ouvrage édifiant d'un bénédictin anglais du couvent de Saint-Malo, qui faisait alors (j'entends l'ouvrage), l'admiration des pieuses Malouines.

Mme de Beauséjour-Sauvage arma à Saint-Malo, en 1712, deux navires pour la Mer du Sud, le *Grand Duc du Maine* et le *Petit Duc du Maine*. Partis de Saint-Malo le 20 novembre 1712, ils firent le commerce sur la côte du Chili et rentrèrent à Saint-Malo le 23 février 1716.

Mme veuve Guillaume Onfroy, dite Onfroy du Bourg, née Françoise Patard, arma *La Sainte-Françoise*. Parti de Saint-Malo en novembre 1714, le navire *commerça* longtemps devant Conception du Chili, mais, le 21 avril 1715, le feu prit à bord ; l'incendie se communiqua aux poudres ; le navire sauta ; une enquête établit qu'un matelot Thomas Bazin, couchant dans le réduit où se trouvaient quatre bottes d'eau-de-vie, voulut en *piponner* plusieurs pots ; il approcha sa chandelle et les vapeurs de l'alcool prirent feu. La pauvre veuve ne reçut même pas l'indemnité sur laquelle elle comptait, ayant payé bien régulièrement ses primes d'assurances : la Compagnie lui objecta que son commerce était *interlope*, « prohibé par l'Espagne, interdit par la France ». La Compagnie n'avait fait, cependant, aucune difficulté pour encaisser les primes.

Mme veuve Lefèvre Desprès, née Etiennette Lossieux, « pour endormir sa douleur » (? !) s'occupa d'armement ; elle réalisa de beaux bénéfices avec son navire le *Marquis de Maillebois* (250 tonneaux, 24 canons, 80 hommes), qui, parti de Saint-Malo, le 17 août 1714, n'y rentra que le 14 juillet 1718. *Le Marquis de Maillebois* fut le premier navire de France à rapporter du café de Bourbon.

Il convient de mentionner ici que le premier navire de France qui ait fait le tour du monde fut un navire malouin.

Dût l'amour-propre des Français en souffrir, il est certain qu'aucune des douze circumnavigations enregistrées pendant les deux siècles qui suivirent Magellan, n'a été effectuée par des navires battant notre pavillon. Bougainville déclare nettement que son voyage de 1766 à 1769 fut le premier de cette espèce entrepris par des Français ; le second navigateur fut Etienne Marchand (1790-1791) et le troisième Roquefeuil (1816-1819). On a même prétendu que Le Gentil de la Barbinais (1714-1718) et Pagès (1767-1771) ne sauraient être compris parmi les circumnavigateurs et M. Claret Fleuriot, leur historien, leur refuse même ce titre, parce que ces marins n'ont pas fait leur voyage sur un même navire et qu'ils ont usé, alternativement, de la voie de la mer et de la voie de la terre. L'Anglais James Burney a été plus radical encore ; en raison du mystère dont le Gentil de la Barbinais a enveloppé son voyage, James Burney a mis en doute sa réalité. Il semble bien, cependant, que *Le Vainqueur*, capitaine Jacques Bourdon, partit le 30 août 1714 de la baie de Cancale. Au Pérou Le Gentil s'embarqua sur *Le Jupiter*, commandé par Maurice Béven et c'est sur ce navire qu'il acheva sa circumnavigation.

Aussi bien serait-il injuste de refuser à certains navigateurs, originaires de Saint-Malo ou dont les navires étaient armés dans ce port, le mérite d'avoir accompli plusieurs circumnavigations ; il faut reconnaître leur vaillance et leur esprit de décision dans les expéditions à la Mer du Sud ; certes, les voyages aux découvertes, tolérés par la cour de Versailles, ne sauraient être considérés comme des voyages scientifiques ; les Malouins se préoccupaient fort peu de la géographie ; *l'armement clandestin n'avait d'autre but que de gagner de l'argent* ; mais, au cours de leurs voyages, ils mirent à profit de nombreuses observations et osèrent affronter le cap Horn. Leurs découvertes sont plutôt rares ; on peut seulement retenir celle d'un pauvre petit îlot, l'île de Beauchesne, qui porte encore le nom de ce navigateur ; mais ils ne sauraient revendiquer la découverte de l'archipel de Falkland, qui était bien connu avant l'arrivée des Malouins dans ces parages ; ils dressèrent seulement une meilleure cartographie de ces îles, appelées depuis *Iles Malouines*.

Ces réserves faites, on peut retenir que, de 1713 à 1719, onze navires français, la plupart de Saint-Malo, effectuèrent des voyages de circumnavigation.

Nous savons relativement peu de choses sur *Le Grand Dauphin*, armé à Saint-Malo par Guillaume Rouzier et qui est le premier navire français à avoir fait le tour du monde. Ilpartit de Saint-Malo le 17 janvier 1712 ; son capitaine, M. Dufresne des Saudrais, mourut à Canton d'où *Le Grand Dauphin* repartit, le 28 janvier 1713 ; il rentra à Saint-Malo le 28 juillet suivant.

L'histoire de la circumnavigation doit retenir encore les noms de Guillaume Collet Duportail, qui succéda sur *Le Grand Dauphin* à Dufresne des Saudrais, de Jacques Brunet,

Henri Bouquet, Augustin Delarue, Louis Hervé, Labery ou de Labery, Forgeais de Langerie, Servan Collet de la Ville Collet, Ribetière de la Ville Bague et Godin Delaperche. On n'aura garde d'oublier parmi les bons navigateurs à la Mer du Sud le capitaine Battas du Chêne, homme de décision, énergique et humain. Il réussit à sauver une partie de l'équipage de son navire *Le Content*, décimé par le scorbut : « Avec des navets sauvages, il leur fit faire un bouillon qui les sauva ». Malgré les vicissitudes d'une longue et pénible campagne, *Le Content*, parti de Brest le 19 septembre 1720, rentra dans son port, toujours commandé par Battas, en janvier 1723. Il rapportait du Pérou une cargaison évaluée à 369.991 livres 2 sols 6 deniers.

CHAPITRE II

*Les anciennes rues. — Le Tour des Remparts. —
La Police, les Mœurs, l'Hygiène. — Le Sanitat
Maritime.*

L'étude des vieilles rues de Saint-Malo
présente des difficultés assez sérieuses. Ce
n'est pas que la topographie ait beaucoup
changé ; les rues actuelles ont conservé,
presque toujours, leur tracé ancien, mais
leurs noms ont varié à différentes époques et
les plans de la ville ne sont pas toujours en
parfait accord. Il convient, je crois, tout
d'abord, de diviser Saint-Malo, en deux parties séparées par les rues suivantes, en partant de la place Chateaubriand : rue Saint-
Vincent, rue Porcon de la Barbinais, place
Broussais, rue de Dinan. C'est la grande
artère qui bat de la rue Saint-Vincent à la
porte de Dinan.

La *rue Saint-Vincent* dessert le quartier construit de 1708 à 1710, sur l'emplacement
asséché et comblé du petit port de *Mer Bonne*.
L'anse de ce nom se creusait entre *la Grande
Porte*, *la Croix du Fief* et la rue *Garangeau*. En

1792, elle fut nommée *rue des Sans-Culottes*. Elle se terminait à peu près à la place où s'élevait *la Croix du Fief* (fontaine et statue de 1819); antérieurement à 1708, le rempart de la ville, percé d'une poterne dite *Poterne de la Blaterie*, se terminait à cet endroit.

La *rue Porcon* commence l'ascension du rocher; elle est formée de trois rues, *rue de la Croix du Fief*, depuis la Croix jusqu'à la Grande Rue, de *la Petite Boulangerie*, qui se continuait jusqu'à la rue de la Fosse (Vieille Boucherie actuelle), et enfin, *rue du Pilori*. La rue Porcon, pendant la Révolution, fut nommée *rue Marat*; l'appellation unique de la rue Porcon date du début du XIX° siècle. La *rue Broussais* se nommait *rue d'Entre Deux Marchés*, parce qu'elle commençait à la place du *Pilori* ou du *Martroy*, où se tenait le *Marché aux Légumes* et qu'elle aboutissait à la *Halle à la Viande* (aujourd'hui, Marché aux Légumes). C'est en 1839 qu'elle changea de nom.

La *rue de Dinan* va de la *Place du Marché aux Légumes* jusqu'à la *Porte de Dinan*. Primitivement, la partie nord de cette rue s'appelait *rue de la Vicairerie* à cause du presbytère qui se trouvait dans cette partie, avant 1790. De la *Place Brevet* (origine incertaine) et jusqu'à la *rue d'Estrées*, elle portait entre cette rue et la rue de Dinan, le nom de *rue de Coëtquen*, à cause du gouverneur de la ville (1715).

Sous la Révolution on l'appela *rue de l'Egalité* et les deux autres *rue de l'Abondance*. Elles furent réunies, en 1739, sous le nom de *rue de Dinan*.

Sur cette grande artère, on doit remarquer rue Saint-Vincent, l'Hôtel dit *Hôtel La Mennais*. Bâti de 1712 à 1713, il appartenait à Guillaume Eon de Carman ; il fut vendu le 25 pluviôse an VII, à Mme Vincent dont la petite-fille devint Mme Augustine Thomas. En 1860, il passa à la famille Duclésieux. Il a subi des transformations nombreuses ; son mur de clôture à balustres a été démoli en 1896 ; son grand portail a été réédifié au *château de Beauregard*, dans la Grève de Chasles, à Saint-Servan. Rue Porcon, l'ancienne maison portant le n° 35 était la demeure de Frotet de la Landelle ; au n° 3, la maison de pierre, à pignon aigu, est une des premières qui furent rebâties, après l'incendie de 1661. Rue Broussais, n° 14 : superbe hôtel particulier, aux larges fenêtres séparées par des pilastres, à chapiteaux d'un ordre différent, (ionique, composite et corinthien), connu aussi sous le nom d'*Hôtel de la Marzellière* ou de *Maison du Dais d'Argent*. Rue de Dinan plusieurs hôtels datent du deuxième accroissement.

Saint-Malo étant ainsi divisé par une ligne brisée en deux parties, à peu près égales en superficie et que je désignerai sous le nom de côté ouest et de côté est, il convient, maintenant, d'examiner, très sommairement, les rues qui se détachent de cette grande artère ou qui se ramifient dans la direction des remparts, dits *front de mer*. La *rue Sainte-Barbe*, de la *rue Jacques Cartier* aux *Travaux Saint-Thomas*, formant une ligne droite coupant à angle droit la *rue Saint-Vincent* ; sous la Révolution elle s'appela *rue de la Fidélité*. Elle coupe, aussi dans ce secteur, la *rue Canal de Mer Bonne*, la *rue Garangeau*, la *rue Saint-Thomas*, la *rue Chateaubriand* et se termine à la *place Vauban*, plus connue sous le nom de *Travaux Saint-Thomas*. La *rue Canal de Mer-Bonne*, dite aussi *d'Egypte*, tire son nom d'un petit canal qui permettait aux eaux de la mer de refluer un peu en ville, au-dessus de la grève où mouillaient les navires. Elle se continue par la *rue Garangeau*, ingénieur, qui contribua beaucoup aux agrandissements de la ville et aux perfectionnements des fortifications de la place. Elle porte sur un plan le nom de *rue de la Vieille Ménagerie*. La *rue Canal de Mer Bonne* et la *rue Garangeau* suivent, à peu près le tracé d'avant 1708, lors de l'accroissement autorisé par le roi en mars de cette année et commencé le 8 mai, sous la direction de M. Garangeau.

La *rue Saint-Thomas* ou du *Chapeau Rouge*,

qui lui est parallèle, partait de la *rue Corne de Cerf*, aujourd'hui rue *Jean de Châtillon* ; elle aboutissait, au nord, sur la *place d'Armes* de la ville, appelée communément *place Saint-Thomas*, dont le côté nord-est faisait vis-à-vis au château, entre les tours *Quiqu'en Grogne et la Générale* ; des fossés ou douves, enjambés par un pont dormant, séparaient le château de la place, dont la porte nord-est était occupée par une *allée* dite *des Soupirs* ; parallèlement à la rue Saint-Thomas se trouvait la *rue de Buhen* ou *des Juifs* ; un corps de bâtiments, en face de *Quiqu'en Grogne*, comprenait l'ancien Hôtel du Gouverneur, la chapelle Saint-Thomas de Cantorbéry et l'ancien hôpital transféré à Saint-Sauveur en 1605 ; la *deuxième porte Saint-Thomas* s'ouvrait entre l'extrémité de l'ancien rempart et *Quiqu'en Grogne* ; plus tard, le quatrième accroissement fit gagner et incorporer l'espace connue sous le nom de *Travaux Saint-Thomas*, terminés à l'est par un revêtement en maçonnerie épousant les contours de *Quiqu'en Grogne*. Après son passage à angle droit de la *rue Sainte-Barbe*, la *rue Saint-Vincent* arrivait à la *poterne de la Croix du Fief* ; de ce carrefour partait la *rue Corne de Cerf*, aboutissant à la *cour de la Houssaye* : une petite rue, la *rue de la Houssaye* ou du *Pont Normand* la faisait communiquer avec l'extrémité de la rue *Sainte-Barbe*, dans sa partie appelée successivement, *rue Notre-Dame, rue de la Colline, rue de la Giclais.*

Montant la rue de la Croix du Fief, dite encore *rue des Halles* ou *de la Blaterie*, on atteignait le chevet est de la cathédrale ; après la *Halle à la Toile,* on trouvait une voûte (voûte actuelle), qui donnait accès à la *rue de la Vieille Blaterie* et à *la rue des Halles* et qui contournaient, comme aujourd'hui, le transept nord de l'église ; on laissait à droite la *rue des Grands Cimetières ;* celle-ci se prolongeait par la *rue du Pélicot, de la Vieille Psalette,* ou *du Pot d'Etain,* qu'une ruelle, dite *rue Ceinte,* faisait communiquer avec la *cour de la Houssaye.* La *rue du Grand Cimetière,* à la hauteur de la *rue du Pélicot,* se continuait par la *rue du Gras Mollet* dite aussi *du Cheval Blanc ;* celle-ci, après un coude, descendait vers le rempart, en laissant à sa gauche l'ancienne *Préceptorerie.* Elle donnait accès à la batterie du *Cheval Blanc,* aujourd'hui *terrasse du Fort à la Reine.*

Les cimetières qui se trouvaient dans ce secteur vont être mentionnés plus loin ; c'est le quartier du vieux Saint-Malo le plus difficile à décrire et à reconstituer au point de vue topographique, car les plans portent souvent des noms différents à des dates extrêmement rapprochées.

En se reportant au côté nord de la cathédrale, nous trouvons la *rue Danycan* appelée
autrefois *rue de la Prison* ou *du Petit Cimetière*
et, pendant la Révolution, *rue de Lille*. Elle
laissait à sa droite et à sa partie inférieure la
Chapelle du Dieu de Pitié, à sa partie moyenne
l'ancien *Cimetière des Prêtres* et, plus loin la
Maison d'Arrêt des Hommes. Ce bâtiment appartenait au Chapitre ; il était peu important,
puisqu'un procès-verbal détaillé du 17 prairial
an VI fait connaître que la prison des Cimetières ne pouvait pas contenir plus de 28 individus. On arrivait alors à la *Chapelle Saint-
Aron*. Cette chapelle était précédée, au sud-
ouest, d'un petit placître, qui communiquait
au moyen d'une petite rue, nommée *Saint-
Aron*, avec la *rue du Gras Mollet*, continuée par
la *rue du Cheval Blanc*. Au dessus du petit
cimetière s'étendaient les grands *Fours Ba-
naux*, qui touchaient au chevet du chœur et à
la sacristie de l'*église Saint-Benoît*. Du placître
Saint-Aron, on descendait vers le sud-ouest par
la *rue Saint-Benoît* et une petite venelle, dite
venelle de la Victoire ou des *Bénédictines* ; la *rue
Saint-Benoît* dite aussi des *Champs Vauverts*
porta, sous la Révolution, le nom de la *rue de
Thionville*. Entre la *rue de la Victoire* et la *rue
Saint-Benoît* s'étendait la *Grande Boucherie* ou
Halle à la Viande ; elle datait de 1649 ; en 1848,
elle fut appelée la *Petite Boucherie* ; aban-

donnée en 1860, elle servit longtemps de magasin à pompes (1866-1879) ; en 1880, on y établit les *réservoirs*.

Continuant sa descente, la *rue de la Victoire* prenait, à l'endroit où elle se retrécit, le nom de *rue de la Bertaudière* ; derrière le rempart du Château Gaillard se coudait la *rue du Chat qui Danse*. Son extrémité nord-est fut fermée en 1817. De la *rue de la Bertaudière*, côté droit en descendant, naissait la *rue du Rempart*, donnant accès au *Cavalier des Champs Vauverts*, et à l'ancien *Ravelin*. La *rue Saint-Benoît*, continuée par la *rue des Champs Vauverts*, allait rejoindre la *rue du Boyer*, par une courbe peu accentuée ; elle longeait l'*église Sainte-Anne* qui était accolée au cloître des *Ursulines* ; un jardinet, de forme triangulaire, dit *Petit Jardin de Sainte-Anne*, s'étendait au nord du cloître. La *rue Sainte-Anne* rencontrait à son extrémité sud la *rue du Boyer*, dite aussi *rue du Bé* et quelquefois *rue du Thydor*. C'est seulement depuis peu que la rue *du Boyer* communique avec la *place du Guay-Trouin* (monument aux Morts), vis-à-vis l'ancien *hôtel de la Vieuville*. En descendant la *rue du Bé*, on arrivait *au Pilori* et plus loin à *la Porte des Halles* (voûte), dite parfois *Halle aux Poulets*.

Le secteur du sud-ouest peut être ainsi délimité : Tour Notre-Dame, rue du Boyer, Pilori, rue Broussais, rue de Dinan, rue Saint-

Philippe, rue Claude Guy-Louvel, rampe de l'Hôtel-Dieu, rue de la Clouterie, rue des Hautes Salles (noms actuels).

En descendant vers le Pilori *la rue des Bés* ou rue *du Boyer*, on trouvait à droite la *rue du Point du Jour*, ainsi appelée, *dit-on*, parce qu'elle était très faiblement éclairée. Elle allait rejoindre au sud la *rue Saint-Sauveur*, en passant à l'est du *Grand Placître* ; entre ce placître et la rue Saint-Sauveur, elle portait le nom de *rue du Four* ; la partie comprise entre le Grand Placître et la rue Thévenard fut longtemps appelée *rue de Saint-Brieuc*. On trouvait ensuite la *rue des Lauriers* et encore *des Petites Venelles* ou *des Vieilles Venelles* ou *Vénelles des Petites Chaux*, à cause d'un dépôt de chaux qui y existait au XVIIIe siècle. La partie méridionale fut appelée *rue du Jard*, jusqu'en 1829. La *rue de la Lancette*, aujourd'hui *rue Gouin de Beauchêne*, faisait communiquer par une rue brisée à angle droit la *rue des Bés* et la *rue d'Entre les Deux Marchés* (aujourd'hui rue Broussais). La partie la plus voisine de la rue Broussais de la rue de la Lancette s'appela quelque temps, *rue Ferron* ou *rue du Puits de la Rivière*.

A l'extrémité orientale de la rue du Boyer et donnant sur la *place du Martroy* ou Pilori, se trouvait la *Maison de la Chaise de pierre*. A peu près parallèle à la rue des Bés, mais plus au sud, partait du rempart ouest la *rue Bourgès* ou *de la Diacrerie*. Elle coupait, à angle droit, la *rue du Jard* et se continuait par la *rue de la Crevaille*. Cette rue ou plutôt ces deux rues étaient connues par leurs cabarets et leurs auberges. L'une de ces auberges avait pour enseigne : *A la Malice* ; un tableau, au-dessus de la porte, représentait une femme, un singe et un chat. Cette hôtellerie, « où l'on traitait, disent les anciens documents, des gens de qualité », existait encore en 1749. La rue de la Crevaille (restaurant de ce nom) et celle de la Diacrerie furent réunies sous le nom de *rue Vincent de Gournay*, en l'honneur d'un économiste qui n'était pas sans valeur. Sous la Révolution elle fut appelée *rue de. la Franchise*. Du Petit Placitre se détachait la *rue Saint-Joseph* ; elle portait alors le nom de *rue des Mœurs*, des mauvaises mœurs plutôt, puisqu'elle était habitée par les prostituées. De la rue des Lauriers se détachait la *rue de la Harpe*, qui traversait la *rue Entre les Deux Marchés* (comme aujourd'hui) et faisait sa jonction avec la *rue de la Vieille Boucherie*. Il serait plus correcte d'appeler la rue de la Harpe, *rue de la Herse* ou *de la Grille*, car on prétend, qu'avant le XIIe siècle, une grille ou herse fermait, le soir, l'extrémité de cette rue (? ?). Sur un plan de 1792, elle est appelée *rue de la Harre*.

De la rue des Hautes-Salles partait la *rue du Pressoir* ou *de la Pie qui boit* ; elle perdait ce nom en coupant la rue du Jard (des Lauriers) et s'appelait alors *rue aux Herbes* ou *rue des Herbes*, parce qu'elle conduisait au Marché. Elle fut nommée, après la Révolution, *rue Thévenard*, en l'honneur d'un vice-amiral, pair de France, né à Saint-Malo, le 7 décembre 1739. La *rue Saint-Joseph*, citée plus haut, prenait naissance sous le rempart, ou plus exactement, dans un petit placître, dit *Placître Saint-Pierre* ou *des Bouchers* ; elle prenait fin au Grand Placître, dit *Placître Cornillet*, limité à l'est par la *rue du Grand Placître*, avant que celle-ci ne débouchât dans la *rue Saint-Sauveur.*

Avant la Révolution, l'ancienne Maison des Frères des Écoles Chrétiennes occupait une surface à peu près carrée, limitée par la rue du Jard, formant un coude, la *rue du Poujet*, la *rue du Pressoir* et une partie de la *rue du Point du Jour*. Dans le pâté de maisons du sud-est, précédée d'un grand jardin avec cour, se trouvait la *Vicairerie* ou *Maison du Curé* (antérieurement à la Révolution) ; elle avait une entrée par la *rue du Poujet* et une autre par la *rue de la Vicairerie* (aujourd'hui rue de Dinan, section comprise entre le Marché aux Légumes et la place Brevet). La *rue de la Clouterie* ou *l'Echaudoir* faisait communiquer le *Petit Placître Saint-Pierre* (près de la Chienneterie ou Loge des Chiens du Guet), avec la *rue Saint-Sauveur* où venait aboutir la *rue des Hautes Salles*. Celle-ci, en se détachant de la *rue du Boyer*, porta tout d'abord le nom de *rue Notre-Dame* (en raison de la chapelle voisine), puis celui de *rue de la Crosse ;* elle était quelquefois désignée sous le nom de *rue des Bouchers*. En 1839, toutes ces rues furent réunies sous la même dénomination : *rue des Hautes Salles*. Sous la Révolution, la rue de la Crosse s'appela *rue de la Constance* et la rue des Bouchers, *rue de la Justice*. On trouve aussi sur certains plans du XVIIIe siècle le nom de *rue du Colombier* ou *de la Sainteté*.

La *rue de Toulouse* va du rempart ouest à la porte *Saint-Louis*, ouverte seulement en 1874 et qui, à proprement parler, n'est pas une porte, puisqu'elle n'a pas de vantail. Elle coupait, de l'ouest à l'est, la *rue Vauborel*, la *rue de Dinan*, les *rues Feydeau* et de *la Fosse* et la *rue d'Asfeld*. La rue Vauborel, qui tire son nom de M. de Vauborel de Sainte-Marie, lieutenant de roi au château, s'appela, en 1791, la *rue de l'Amitié* ; la rue Feydeau en souvenir de Feydeau de Brou, intendant de Bretagne, devint, à cette époque, la *rue des Jeunes Rennais*. Le deuxième accroissement de 1714 valut à Saint-Malo le *quartier de Dinan*. Le nouveau mur d'enceinte alla rejoindre les vieux remparts au bas de la *rue de la Mettrie* qui descendait, vers l'est de la rue de la Fosse, à la *rue des Cordiers* et aboutissait au rempart de l'est : elle porta longtemps, le nom de *rue des Forgeurs*. On gagna aussi la *rue Saint-Philippe* et la *rue d'Orléans* où s'édifièrent de grands hôtels (1716-1725). L'accroissement de 1721 créa le *Quartier de Chartres*. Des documents inédits, déposés au rang des minutes de Me Vercoutère, notaire à Saint-Malo et accompagnés de plans coloriés, donnent à ce sujet des renseignements pleins d'intérêt (19 novembre 1722). Le *bastion Saint-Louis* fut achevé dans sa partie est et on bâtit la belle courtine qui va se souder à la Tour Sud de la Grande Porte ; alors s'ouvrit la *rue de Chartres* ; la *rue de l'Abbaye Saint-Jean* et les *rues de la Mettrie* furent prolongées d'autant. La *rue de Chartres*, en 1792, reçut le nom de *rue de Brutus* ; la *rue de l'Abbaye Saint-Jean* qui a son entrée à l'est de la Halle à la Viande, prit en 1793 le nom de *rue de la Constitution*.

Le secteur du sud-est pouvait être ainsi délimité, (noms actuels) : la *Grande Rue*, la partie supérieure de la *rue Porcon*, la *rue de la Vieille Boucherie*, jusqu'à la rue de l'Orme, *la Halle* dite *Halle au Blé*, aujourd'hui *à la Viande* et la *rue des Cordiers*. La *Grande Rue* partait en ligne droite de la *Grande Porte* et se terminait à la *rue Porcon*. A partir du XIIIe siècle, s'y tint la foire aux *Sublets* (sifflets). Les maisons de cette rue furent presque toutes détruites par un incendie qui éclata le 27 octobre 1661. Sur la gauche en montant, la *rue des Marins* et la *rue Boursaint* la font communiquer avec la *rue du Puits Aubray*, qui lui est sensiblement parallèle. La *rue des Marins* ou *de la Marine* s'appelait, primitivement, la *rue de Saint-Jacut*; on la désignait aussi sous le nom de *rue qui n'a qu'un Bout*, parce qu'elle n'avait pas d'issue sur la *rue du Puits Aubray*. La *rue Boursaint*, du nom de Pierre Boursaint, commissaire général de la Marine au XIXe siècle, fut appelée successivement *rue de Saint-Buc*, *rue de Saint-Christophe* et, à son extrémité sud, *rue de Dunkerque*, enfin, pendant la Révolution, *rue de l'Activité*. Parallèlement à la *rue du Puits Aubray* descend de la *rue de la Vieille Boucherie* la *rue des Petits Degrés* (escalier de 21 marches, avec paliers). Elle s'appela, longtemps, *rue de la Piedvacherie*; toujours parallèlement la *rue des Grands Degrés* ou *rue Missaut* (origine inconnue). Elle s'appela *rue Civique* pendant la Révolution.

Le grand écrivain Gustave Flaubert était, sans doute, de méchante humeur, quand il passa en 1847, par Saint-Malo, en compagnie de Maxime Ducamp. Voici à ce sujet une note de son carnet de voyage : « Le tour de la ville de Saint-Malo par les remparts est une

des plus belles promenades qu'il y ait...
Personne n'y vient. » C'est peu flatteur pour les
Malouins de l'époque ; mais l'illustre auteur de *Salammbô* éprouverait, vraiment, une
toute autre impression, s'il revenait aujour-
d'hui en ce bas monde. On peut bien affirmer
que, de toutes les promenades de la Côte
d'Emeraude — et Dieu sait si elles sont nombreuses et variées ! — le *tour des remparts*,
comme on dit à Saint-Malo, est certainement
la promenade préférée ; on voit sur les vieux
murs, non seulement des étrangers, mais des
Malouins de toute condition, depuis le gamin
qui lance aux passants des quais des mottes
de gazon jusqu'à la logeuse en garni, qui
porte son pliant sous le bras ; un vénérable
ecclésiastique, délivré de son confessionnal,
respire avec délices l'air pur du large. Le
soir, c'est un kaléidoscope merveilleux que
cette projection de toutes les ombres sur le
fond du ciel d'un vert fin, cependant que la
lune s'embarque sur son vaisseau d'argent et
que, sur les murs, des promeneurs curieux et
observateurs plongent de longs regards à
l'intérieur de ces belles maisons dont les
habitants se couchent bourgeoisement derrière les volets incertains. Il y a des *remous*
dans ce défilé de promeneurs et, quelquefois,
les courants s'entre choquent : ils s'arrêtent
par endroits ; c'est le moment où, accoudés

sur les parapets, les touristes et les indigènes observent les mouvements du port.

On peut faire le tour de la ville en deux sens, presque sans solution de continuité ; commencer par l'est et se diriger vers le sud ; on a, ainsi, l'avantage de voir s'élargir l'horizon ; ou bien, on débute par l'ouest et l'on s'achemine aussitôt vers le large. *Duc in altum*, dirait le pilote virgilien ; c'est le sens conseillé par les archéologues à ceux qui aiment à suivre chronologiquement l'ordre de construction des remparts. Les deux méthodes ont leurs charmes et se justifient. L'enceinte de Saint-Malo a beaucoup varié au cours des âges et les remparts ont suivi les accroissements de la cité ; leur étude, si curieuse au point de vue militaire et monumental, intéresse surtout les érudits ; je vais seulement essayer de fournir au touriste *moyen*, comme on dit aujourd'hui, quelques brèves et précises indications ; il les complètera en lisant des ouvrages spéciaux : ils ne sont pas tous recommandables.

Après l'escalier intérieur de *Saint-Thomas* qui conduit, tout d'abord, à la plate-forme dallée, dominant la porte de ce nom, le rempart file vers le *fort La Reine*, principale défense du front nord ; le bastion, rasé il y a quelques années, avait été rehaussé en 1758, mais pour lui donner plus de commandement, on l'avait

surélevé ; on constate fort bien cette modification, en se penchant un peu au-dessus du
parapet ; la base ou console d'une échauguette
est le meilleur témoin de cette transforma-
tion (1694-1758) ; puis, le rempart oblique vers
l'ouest, laisse à gauche le *Cavalier des Champs
Vauverts,* si agréablement transformé en jardin public (1926) et, à droite, la *Tour Bidouane*
(1652), dont les merlons furent rasés (1748) et
dont les belles salles superposées servirent
longtemps de magasin à poudre.

De 1848 à 1852, un factionnaire diligent
vous priait d'éteindre, en passant près de
Bidouane, cigarettes et pipes ; Bidouane, un
jour, fut vidée de ses poudres ; mais le soldat
extincteur continua son service plusieurs
années encore. On s'engage ensuite sur les
Petits Murs, souvent repris et modifiés à partir du XIIe siècle ; ils conduisent à *la Hollande*
qui domine la plage de *Bon Secours,* bastion
jadis puissant, remis en état par le duc de
Chaulnes (1674), en prévision d'une attaque
des flottes hollandaises. Trois moulins tour-
naient jadis sur ce terre-plein ; au-dessous se
trouvait la *Loge des Chiens du Guet.* Elle vient
d'être restaurée (1927).

Les chiens de Saint-Malo sont célèbres :
Chateaubriand lui-même a vanté les exploits
des fidèles gardiens de sa Délos, mais ils
doivent, surtout, leur renommée au prétendu

crime qu'ils auraient commis dans la nuit du 24 au 25 mars 1770 ; les historiens locaux rapportent qu'à cette date un officier de marine Jean-Baptiste Ansquer de Kerouartz fut dévoré par les dogues de la Cité Corsaire. Les chiens l'avaient pris pour un vulgaire contrebandier ou un pilleur de navires, alors qu'il traversait les grèves, grave imprudence après le couvre-feu, heure où le chiennetier lâchait ses bêtes. Le malheureux s'était un peu attardé auprès de sa fiancée qui demeurait à Saint-Servan. Attaqué par la meute furieuse, il avait résisté vigoureusement et avait réussi à gagner la mer ; mais les chiens l'avaient suivi ; ils l'étranglèrent et le dévorèrent à demi. Le lendemain, on retrouva sur le rivage son cadavre affreusement déchiqueté.

On a prétendu que l'origine des chiens de garde de Saint-Malo se perdait dans la nuit des temps ; c'est une façon commode d'écrire l'histoire et de ne pas se tromper de date.

Il paraît qu'en 1125, on comptait 24 chiens. Comme ils avaient très bon appétit, qu'ils ne se nourrissaient pas exclusivement des mollets des fraudeurs et que leur entretien coûtait cher, on réduisit leur nombre et, finalement on les supprima (1770) ; mais les chiennetiers leur survécurent : la place était excellente.

Transportés du *Poteau aux chiens* à l'entrée

du Sillon, dans une loge qui se trouvait entre
la rue Garangeau et la rue Saint-Thomas
(venelle aux Chiens), on les logea en 1674, sous
la Hollande ; ils en sortirent au mois d'août
1703 ; ils furent enfermés dans la Cabane du
Sillon. Celle-ci fut détruite par un incendie
en juin 1751, puis reconstruite cinq ou six
ans après. Ce fut la dernière demeure des
Chiens du Guet.

Après avoir descendu un escalier de
27 marches, divisé en trois paliers, on arrive
au *bastion Saint-Philippe*, appelé parfois *bastion
Saint-Michel*, formant un triangle irrégulier
et qui domine l'avant-port. Il date du
deuxième agrandissement (1714). Il reçut le
nom de Philippe, à cause de Philippe II
d'Orléans, neveu du roi et futur régent de
France. Antérieurement à 1714, l'ancien mur
d'enceinte de la ville, qui suivait à peu près
la rue d'Estrées, venait frapper le rempart à
la hauteur du premier escalier, descendant
de la Hollande sur la courtine qui le rejoint
au *bastion Saint-Philippe*. A l'angle du pâté de
maisons (maisons blanches) formé par la rue
d'Estrées et la rue Claude-Guy Louvel, se trouvait l'*Ancienne Comédie* et à l'angle de cette
même rue et de la rue de Toulouse, les *Fours
du Chapitre* ou *Grands Fours*. La belle courtine
du sud, qui se prolonge jusqu'au *bastion Saint-
Louis* et qui domine du côté intérieur les rues

Saint-Philippe et d'Orléans et, à l'extérieur le quai de Dinan, est percée, à son milieu par la *Porte de Dinan*, flanquée de deux beaux escaliers. Le *bastion Saint-Louis*, nommé ainsi en l'honneur de Louis XIV, a été élevé à deux époques, la partie sud, lors du deuxième agrandissement en 1714, la partie est, lors du troisième en 1721. Il figure sur certains plans sous le nom de *Saint-François* ; à la place de l'échauguette qui se dresse à son extrémité sud-est, se trouvait primitivement un *éperon* très accentué qui protégeait la cale dite de l'Eperon, aujourd'hui *quai Saint-Louis* ou *quai Neuf* (1722). L'escalier, muni d'une rampe de fer qui donne accès de la rue de Chartres au bastion Saint-Louis est appelé quelquefois l'*Escalier Rouge*, parce qu'au temps de la Révolution, un magasin, logé sous cet escalier et le rempart, abritait, dit-on, les bois de justice. Une longue courtine conduit du bastion Saint-Louis à la *Grande Porte*, dont elle contourne les deux grosses tours ; puis vient *la Grande Batterie*, avec ses dix-huit embrasures dont sept commandaient le *Sillon* et onze la *Petite Grève* et les *Talards*. La *Grande Batterie* s'amorçait sur la Tour Générale ; mais le rempart a été coupé pour donner accès au *Jardin des Douves* de création récente. Les deux tours de la Grande Porte dominaient la *Demi-Lune*, la *Salle de Commerce* et le

Ravelin, tandis que la *Grande Batterie*, à peu près à la hauteur de la rue Sainte-Barbe dominait le vieux quai, flanqué au sud du *Pilori de l'Amirauté ;* les *quais neufs*, commencés en 1669, se continuaient alors jusqu'à la hauteur de la porte Saint-Vincent ; un pont voûté, édifié en 1754, donnait entrée à la mer dans les fossés du château qui asséchaient de six heures en six heures ; les quais neufs se prolongeaient dans la direction de l'est ; ils avaient été achevés en 1714, par M. Lionnais de la Bussière ; on trouvait encore à leur extrémité, sous la *tour des Moulins*, un autre pont voûté (1754), qui donnait aussi entrée à la mer dans les fossés du château. Toutes ces dispositions ont disparu depuis les nivellements du *Bassin à flot* et *de l'Esplanade*. Pour les retrouver, il est nécessaire de se reporter aux plans antérieurs à 1820.

En résumé, le tour actuel des remparts de Saint-Malo est peu différent de ce qu'il était autrefois dans son tracé de la *Tour Quicqu'en Groigne* au *Fort à la Reine*, à *la Tour Bidouane*, aux *Petits Murs*, de la Grève de Bon Secours, et à *la Hollande*, tout le front de mer par conséquent ; mais on perd matériellement son tracé dans la partie sud, est et nord-est. Quelques brèves explications doivent être fournies au sujet de la modification des remparts dues aux accroissements successifs, postérieurs à 1155. A cette époque, le rempart sud suivait approximativement, à partir de la Hollande (enmarchements), la *rue d'Estrées*; la rue des *Vieux Remparts* fléchissait un peu vers le sud, s'enflait de la tour des *Ardillets* ou *Ballue*, reprenait la direction de l'est, coupait la *Cour des Récollets*, atteignait l'ancien *Fosse du Nay* ou *des Dinannais*, coupait la rue de la Fosse, s'incurvait jusqu'à l'ancienne *Tour Mouillée* ou *Tour Terre Neuve* ou encore *des Espagnols*, remontait vers le nord en laissant à gauche la *Cour aux Choux*, suivait le côté droit de la rue des Cordiers, atteignait près de la *rue de l'Abbaye Saint-Jean*, la Tour du *Départ* ou *des Cordiers* et se dirigeait en droite ligne vers la Tour sud de la *Grande Porte*; il prenait ensuite la direction du nord et, après avoir longé la *cour du Petit Judas*, s'amorçait à la *Tour de la Poissonnerie*, remontait en ligne droite à la *Place de la Croix du Fief*; là s'ouvrait la *Poterne* de ce nom; le rempart longeait la *rue Corne de Cerf* (rue Jean de Châtillon) jusqu'à la hauteur du *Canal de Mer-Bonne* ou *d'Egypte*, suivait la *rue Garangeau* ou de la *Vieille Ménagerie*, traversait la *place Saint-Thomas* et allait se souder à la *Tour Générale*.

En 1721, un accroissement provisoire avait aménagé un mur partant du *bastion Saint-Louis*, suivant la *rue d'Asfeld*, coupant l'ancien *Eperon triangulaire* de 1618, la *rue des Forgeurs*, laissant à l'est la *Tour du Départ* et se terminant à l'extrémité du *quai Neuf*, presqu'en face de la Tour Sud de la Grande Porte.

Au point de vue sanitaire la ville de Saint-Malo a eu souvent une mauvaise presse. Bien avant Gustave Flaubert, on la traitait de ville puante. Il est bien certain que la propreté de la cité des Corsaires laissait, aux siècles passés, beaucoup à désirer, mais n'était-ce pas le sort commun de toutes les villes de France ? Il est vrai que Saint-Malo était difficile à tenir « en état de netteté ». Sa population très dense, supérieure à 10.000 habitants, pour une surface de 15 hectares, diminuée encore par les grandes cours et les jardins du Manoir Episcopal, des couvents et par les cimetières, s'entassait dans des rues étroites, bordées de hautes maisons de verre et de bois, où le soleil pénétrait bien rarement. Heureusement, la ville était bien balayée par les vents du large et aussi par les vents de terre et c'était pour les Malouins, ainsi qu'ils le disaient, la meilleure *répurgation* de leur ville. Il ne semble pas, au surplus, que Saint-Malo ait été éprouvé par des épidémies plus funestes que celles qui sévirent dans les pays voisins. On a bien gardé le souvenir d'une peste qui, en 1348 et 1421, aurait fait des ravages dans la cité ; mais le fléau sévissait dans toute la Bretagne et dans presque toute la France. Ce qui ferait croire que Saint-Malo n'était pas plus éprouvé par les maladies que les autres localités, c'est qu'en 1507 la ville ne possédait ni médecin, ni chirurgien, ni apothicaire ; aussi la reine Anne, pour attirer les *praticiens*, leur concéda-t-elle par un édit, de sérieux avantages et les exempta d'impôts ; un apothicaire Etienne Salmon et un chirurgien Pierre Chauches accoururent pour soigner les infirmes ; il n'est pas dit qu'ils les guérirent.

Cependant les édiles rendaient, de temps en temps, de sages ordonnances pour assainir la ville ; il était défendu aux parents d'envoyer leurs enfants dans les rues pour « y faire leurs immondices » ; le poisson répandait une odeur infecte ; la police intervenait pour empêcher les habitants d'empuantir leurs quartiers « par les ouilles et les saumures » ; les personnes, de quelque condition qu'elles fussent, ne pouvaient prendre « dehors leurs aiséments » ; elles devaient avoir à leur domicile des latrines, des chaises percées ou tout au moins de *petits tas de sable*, ce qui permettait d'attendre le passage du *cureur*, lequel passait trois fois la semaine « en dedans des remparts ».

Dès 1252, un Hôtel-Dieu est fondé au lieu dit le *Licorne* près la chapelle Saint-Thomas. (aujourd'hui : le Café Continental et l'Hôtel de France) ; « dans la vue que les indigents, les infirmes, les étrangers, les femmes en couches et autres nécessiteux y trouvent dans leurs langueurs le secours nécessaire ». Il y restera trois siècles ; le *Sanitat*, établi aux Talards, devint insuffisant : l'Hôtel-Dieu fut construit ; mais un incendie le détruisit en 1745 ; il fut relevé de ses ruines ; c'est l'établissement actuel. Ce qu'il a de plus intéressant, avec son puits surmonté d'un petit dôme s'appuyant sur des colonnettes, ce sont les pots de sa pharmacie. Leur authenticité est incontestable ; ils ont des *enseygnes* extraordinaires. Voici le *Catholicon*, électuaire purgatif, qui était bon pour toutes sortes de maladies et qui était souverain, (comprenne qui pourra) contre la constipation et... le contraire, le *Catholicon* tant prôné à Paris, en 1593, par un charlatan espagnol et qui faisait des merveilles, à en croire la Satyre Ménippée !

Il y a aussi les *Mondificatifs* et les *Tussilages*, dont les pots ont gardé l'odeur du pas d'âne et du coquelicot, l'*Alkermès*, liqueur de table que l'on préparait à Naples et maintes jolies fioles, d'une légèreté extrême, presqu'impondérables, dont le verre possède la délicatesse du Venise. Quelle est l'origine de ces pots aux formes variées, le plus souvent harmonieuses, aux flancs plutôt onduleux que rebondis, avec des becs fins et longs et de gracieuses tubulures ? Leur couleur est uniforme : lettres et ornements bleus sur fond blanc ; aucune marque de fabrique ; d'après les connaisseurs, c'est du Rouen.

Une salle possède aussi une très belle aiguière en cuivre rouge ; la tradition veut qu'elle ait été rapportée de Rio de Janeiro par Duguay-Trouin. C'est peu vraisemblable.

Il est à remarquer qu'à une époque où la puériculture, comme on dit aujourd'hui, était inconnue, Saint-Malo veillait avec soin et intelligence sur la natalité. Les *faiseuses d'anges* étaient l'objet d'une surveillance très étroite ; quand une fille se présentait chez une matrone ou sage-femme pour y prendre pension, en attendant ses couches, elle était interrogée par un officier de police qui s'assurait de ses moyens d'existence et lui demandait ce qu'elle comptait faire de son fruit (*sic*). Les questions, quelquefois, n'étaient rien moins que discrètes. Angélique Louvenant était domestique chez un gros armateur de Saint-Malo. Elle se présenta, un jour, chez Suzanne Oger, matrone, en lui disant qu'elle était grosse de huit mois et qu'elle désirait accoucher chez elle. Celle-ci, après s'être assurée que la fille était solvable, avertit l'autorité administrative ; la police interrogea la fille elle déclara « qu'elle était enceinte des œuvres de M. J. de la D., pour avoir eu sa compagnie charnelle dans une des premières journées du mois de juin dernier (1731) et par deux fois le même jour ». La malheureuse mourut, peu de temps après, de son *hidropisie* (*sic*) ; mais M. J. de la D., fut condamné comme père putatif à payer tous les frais de la pension de la fille chez la matrone. Il est probable qu'il avait protesté et résisté à cette demande, puisqu'il fallut un jugement (7 septembre 1731), pour qu'il s'exécutât.

Quand les femmes du peuple, les indigentes, accouchaient chez elles, la matrone de l'hôpital, qui jouissait à Saint-Malo d'une grande considération, se rendait auprès de la *parturiante* (*sic*), où elle trouvait généralement des dames visiteuses qui avaient déjà apporté à la femme en gésine des secours en nature et en argent ; la matrone, selon le cas, accouchait la femme ou la confiait aux soins d'une ménagère expérimentée. Il y avait à Saint-Malo un cours d'accouchement qui durait deux mois ; une des directrices de ce cours, Mme du Coudray, inventa même une machine, représentant le corps d'une femme ; on y plaçait le corps d'un enfant factice, dans toutes les positions imaginables et, après chaque position, Mme du Coudray montrait à ses élèves, comment il fallait s'y prendre ». (*Arch. départem. d'Ille-et-Vilaine* (1326-1327) cité par le Docteur HERVOT.

Les archives hospitalières ont conservé

aussi le nom de Mlle Turpin ; elle eut de
graves démêlés avec le corps médical. On lui
reprochait d'abuser de la saignée. Elle *saignait*
tellement qu'on fut obligé de lui défendre,
par une sorte d'arrêté municipal qui lui fut
dûment signifié, de pratiquer une saignée
sans la permission écrite de Mlle du Fougeray,
alors économe ou intendante de l'Hôtel-Dieu.
Il y eut de véhémentes protestations : « Les
apoplectiques auront beau jeu pour trépas-
ser », s'écrièrent les partisans de Mlle Turpin.
Il paraît que l'aumônier, frappé d'une conges-
tion cérébrale peu de temps après l'arrêté pro-
hibitif, mourut d'un coup de sang qui aurait
pu être évité, si Mlle Turpin n'avait pas été
empêchée de fendre l'oreille au pauvre prêtre.

Chose bizarre : certains empiriques et plusieurs rebouteurs étaient protégés par la Municipalité et même par des médecins ; un
aventurier, d'origine italienne, frère François
Viala, exerça, à Saint-Malo, publiquement
et sans diplôme, la médecine pendant trois
ans. Il guérissait par l'action combinée de
bains chauds, aussi chauds que possible, et par
l'absorption de crottes de souris ! M. Corre,
malouin de qualité, « menacé d'une paralysie
à la jambe », alla le consulter. Frère François
lui fit prendre un bain aromatisé si chaud
qu'on entendit dans tout le quartier les hur-
lements de douleur du patient. On accourut ;

la porte était verrouillée ; il fallut l'enfon-
cer ; on trouva le malheureux Corre complètement cuit dans le *sabot*, (on sait que les bai-
gnoires d'alors avaient cette forme) ; quand
on le retira, « la chair se détachait partout
où l'on mettait la main ». La foule allait faire
un mauvais parti à l'empirique, mais il réussit à prendre la fuite et à se réfugier à l'église ;
il fut protégé par M. Picot, maire, qui gar-
dait, on ne sait pourquoi, toute la sévérité
des règlements pour le sieur Cabanac, autre
empirique, concurrent du frère François. Il
déclara que ce fâcheux accident aurait pu
arriver à tout le monde et l'empirique échap-
pa, non seulement à la justice répressive,
mais encore fut autorisé à continuer à exercer, pendant un an, son art de guérir !

Habitant une ville où les relations étaient
fréquentes avec l'étranger, notamment avec
les Indes où le choléra et la peste sévissaient
presque toujours, les Malouins, ils avaient
bien raison, craignaient la contamination de
l'extérieur. Un bureau de santé, vigilant,
surveillait les entrées des navires ; en 1665,
on prend même soin de créer trois petits
bateaux visiteurs, qui interdiront l'entrée de
la rade à tout navire d'une provenance sus-
pecte. Le bureau a même qualité pour condamner à l'amende tout capitaine qui enfreint
les prescriptions sanitaires ; à Cézembre sont

organisés des « *cazernes et angares* », pour les
malades et les marchandises. Cézembre était
le lazaret de Saint-Malo. Les navires, « porteurs de mauvais germes », qui avaient eu à
leur bord des malades et des morts, étaient
vidés et *perfumés* (désinfectés) à Cézembre et
amenés devant l'*Eperon* à Saint-Malo, « où
ils étaient coulés pendant plusieurs marées
pour être mieux purifiés ». On ne tenait
aucun compte, malgré les protestations véhémentes des armateurs, de la valeur des marchandises ainsi détruites ou avariées. On trouvait parfois, dans les cendres, de l'argent
fondu. Il était attribué à l'Hôtel-Dieu.

On avait bien songé à établir un lazaret
au Grand Bé, mais l'îlot était d'un accès difficile, la mer l'entourant deux fois en 24 heures ;
les *Talards*, au contraire, étaient d'un abord
beaucoup plus aisé ; mais le Chapitre, qui était
propriétaire des terrains, n'entendait pas
céder *gratis pro Deo* la plus petite toise carrée
de son bien ; on finit par s'arranger et les
Talards purent, vers 1583, recevoir des conta-
gieux ; le Grand Bé ne fut pas complètement
désaffecté ; on conserva deux ou trois petits
bâtiments pour y recevoir des convalescents
et des suspects ; on y *éventait* aussi les marchandises provenant des ports dont l'état
sanitaire avait été signalé comme douteux.

CHAPITRE III

Les Hôtels et les Maisons. — La vie d'autrefois.
Les Maîtres, les Domestiques.

A quoi n'a-t-on pas comparé Saint-Malo ?...
« *Saint-Malo que l'on voit sur l'eau* » dit une
chanson assez niaise, et, tout aussitôt, on
appelle la ville *la Venise de l'Ouest*. Chateaubriand, à propos des dogues, gardiens noc-
turnes de la cité, la salue comme étant *sa
Délos* ; pour les uns, c'est un nid, *un nid de
Corsaires*, pour les autres un *nid d'alcyons*, ce
qui n'est pas du tout la même chose ; ceux-ci
voient dans Saint-Malo *la reine de la Côte
d'Emeraude*, ceux-là la *perle de la Manche* et
même de *l'Océan*, Flaubert lui met au front
« une couronne de pierres posée sur les flots
et dont les mâchicoulis sont des fleurons ».
La vue est superbe, du large ; mais à l'intérieur « c'est noir et puant comme la cale d'un
vaisseau ». A vrai dire, ce sont les images
maritimes qui conviennent le mieux à son
genre de beauté et qui s'accordent assez
bien avec sa très longue histoire : c'est un
navire prêt à s'élancer vers la haute mer ;

mais il est retenu par un câble solide, *le Sillon ;* sans lui, il y a longtemps qu'il aurait disparu derrière les vastes horizons du nord-ouest. Il tient bon encore : félicitons-nous en et sachons bon gré aux vieux arbres servant de brise-lames à cette longue chaussée qui rattache à la terre ferme l'antique et sauvage rocher d'Aron ; gardons-nous, toutefois, de saluer dans ces chênes décortiqués par la mer les derniers témoins de la forêt de Scissy, engloutie, dit-on, au VIIIe siècle. Les *tortillards* du Sillon, on le verra plus loin, ont tout juste cent ans ; leur fidèle faction en face des flots courroucés est encore très honorable.

Mais à quoi songerait-on à Saint-Malo, si ce n'est à la mer ? *C'est à la mer que les Malouins rapportent tout* ; c'est elle qui leur envoie, merveilleusement, son premier apôtre ; il débarqua d'une auge de pierre, après avoir dit la messe sur le dos d'une baleine ! Certains hagiographes froncent le sourcil ; d'autres sourient ou se fâchent ; ces derniers ont tort. La légende n'est-elle pas la fleur de l'histoire ? Elle parfume les premiers temps de la petite cité bretonne et permet aux savants de l'endroit de se livrer aux plus curieuses discussions : c'est, vraiment, la ville rêvée des archéologues ; à Saint-Malo on suit, rien que par les yeux, les meilleurs cours d'histoire et d'architecture : rien n'y change ou change si peu. On a dit d'une ville d'Angleterre, Oxford je crois, que si l'un de ses habitants du XIVe siècle, ressuscité, était transporté hors de sa tombe, dans les faubourgs, il n'aurait pas besoin, pour retrouver sa maison, de demander son chemin à personne. Rien de plus vrai pour Saint-Malo ; la Révolution, qui a bouleversé tant de choses, a passé sur la ville sans y laisser des traces profondes ; le XIXe siècle n'a apporté que d'insignifiantes modifications ; sans doute, Saint-Malo est devenue ville d'eaux ou plutôt ville d'eau salée, station climatique, que sais-je ?... mais il est resté lui-même ; il n'a pas disparu, ou ne s'est pas transformé comme tant de villes de France, au point de devenir méconnaissable ; non ; ses monuments publics et particuliers témoignent encore de son grand passé. On regrette seulement de ne plus lire au coin des rues le nom de la rue du *Chat qui Danse*, du *Tambour Défoncé* ou de la *Crevaille*. Cela cadrait à merveille avec les vieilles maisons de bois et de verre, aux portes de chêne artistiquement sculptées, que les heurtoirs et les marteaux ébranlaient à l'appel des visiteurs. Ici, le château des *Bigorneaux* surplombait de guingois une étroite ruelle ; là, un majestueux hôtel Louis XIV présentait sa façade sévère et symétrique. On suit, avec les styles, les accroissements successifs de la ville, le développement de la cellule au cours des âges ; on finit par reconstituer, grâce aux archives locales, les principaux traits de cette vie ardente qui bouillonna si long-temps dans son enceinte et qui finit, au XVII° siècle, par déborder en flots pressés et tumultueux jusqu'au jour où les nouveaux remparts lui dirent : « Tu n'iras pas plus loin ».

Lorsqu'on arrive par mer à Saint-Malo ou, tout simplement, quand on vient de Dinard, on voit, devant soi, toute une rangée de hautes maisons de granit ; en examinant de près ces quatorze hôtels, dont les portails et les balcons sont timbrés d'écussons allant de 1715 à 1724, on ne peut se défendre d'un sentiment d'admiration pour ceux qui les ont conçus et édifiés ; ils donnent l'impression de la force, de la ténacité, du goût et de la richesse, on devine, on *sent* que ceux qui ont construit ces immenses demeures étaient des hommes. Ce sont les Malouins du XVII° et du XVIII° siècles qui ont le plus contribué à donner à leur ville un caractère de grandeur imposante et de majesté ; c'est avec les millions qu'ils gagnèrent, comme on le verra plus loin, principalement dans le commerce de la toile, que les armateurs et les négociants de Saint-Malo, édifièrent les hôtels qui bordent et dominent les remparts du sud ; ils quittèrent, avec empressement, les rues étroites et les *placîtres* exigus du centre ; *ils avaient hâte de se donner de l'air* ; c'est ainsi que les agrandissements successifs de Saint-Malo eurent une influence considérable sur la construction, le plan, le style et l'ornementation des maisons de la ville ; le vieux Saint-Malo du moyen-âge et des XIVᵉ, XVᵉ et XVIᵉ siècles étouffait, pour ainsi dire, dans son enceinte, dans son *corset de granit*, suivant une expression aimée ; quand la ville s'accrut, l'aspect de ses maisons changea tout aussitôt ; les maisons du XVIIᵉ siècle sont encore assez basses d'étages, mais elles sont souvent décorées de pilastres et de rinceaux ; dans les nouveaux hôtels, à partir de 1720, les appartements deviennent plus spacieux, les plafonds plus élevés, les caves plus profondes ; quelques-unes sont voûtées ; on pouvait s'y réfugier en cas de bombardement par les flottes anglaises. Le vestibule était inconnu ; du palier de l'escalier, le plus souvent monumental (tel hôtel de la rue de Dinan (Nᵒ 4) en possède un qu'un gentilhomme monta à cheval) ; on pénétrait dans une pièce que les Inventaires notariés appellent généralement la chambre principale : elle servait, le plus souvent, de salon ; tout auprès, était la salle à manger, lambrissée d'acajou ou de bois verni ; dans les riches hôtels, les murs étaient tendus de tapisseries des Flandres et de toiles de Jouy ; les cheminées étaient garnies de belles porcelaines de Chine, rarement du Japon ; les chambres à coucher donnaient généralement sur la Cour. Il ne semble pas qu'il y ait eu jamais de cabinets... de commodité. Depuis moins de trente ans, on a accolé, dans les cours ou aux pignons, sur les murs des immeubles, des constructions légères, appelées *nids d'hirondelles*, où l'on se précipite... en cas de besoin. Auparavant, l'endroit discret se dissimulait, plus ou moins, dans le grenier ou dans la cour. Je parlerai *du carniau* au chapitre sur l'hygiène de la ville.

L'eau était puisée dans les citernes ; quelques cours possédaient des puits surmontés de colonnettes avec un petit dôme en fer forgé.

La cuisine, dallée de *Saint-Cast*, pierre plate d'un joli grain marron foncé, communiquait directement avec la salle à manger ; la cuisinière jouissait de certains privilèges ; elle couchait dans sa cuisine, dans une espèce de lit clos, appelé *tréhory*, galerie à treillis, (d'où peut-être le mot), à laquelle on accédait par un petit escalier dissimulé derrière le bûcher et fermé par une petite porte, percée en bas, du *trou du chat*, fidèle ami de la cuisinière. Cet usage s'est maintenu jusqu'à la fin du XIXe siècle et l'on peut voir encore des *tréhorys* dans plusieurs maisons de la Ville (par exemple, 2, rue d'Orléans). Il ne serait jamais venu à l'esprit d'un contemporain de Duguay Trouin et même de Surcouf qu'une cuisinière couchât ailleurs que dans sa cuisine. Le confortable est chose relative, l'hygiène aussi...

Saint-Malo a conservé à peu près intacts ses hôtels d'autrefois ; on les retrouve avec plaisir en parcourant ces vieilles rues qui ménagent à ceux qui savent chercher, découvrir et voir, d'agréables surprises ; la *Compagnie des Indes Orientales* avait, très probablement, ses bureaux dans l'*Hôtel Marion du Fresne*, 5, rue Saint-François. Cet immeuble possède encore une belle porte, un élégant escalier et une superbe salle aux boiseries merveilleusement sculptées et dont la cheminée rappelle le meilleur style Louis XIII. L'*Hôtel Guillaume Eon de Carman* (13, rue Saint-Vincent), maison natale de La Mennais, est le plus vaste de la ville ; il renferme un majestueux escalier (1715). Admirez l'Hôtel du *Balcon de Marbre* ou *des Noës*, 26, rue Porcon, l'*Hôtel Belin de la Marzelière*, près de la place de l'ancien Pilori ou du Martray, (aujourd'hui 14, rue Broussais) est remar-

quable par ses chapiteaux grecs, d'un ordre
différent ; l'*Hôtel Magon de la Villebague* (5,
rue de la Harpe) offre une vieille porte d'entrée, ornée de têtes de lion et de guirlandes,
l'*Hôtel André Desilles* (5, rue de l'Epine) possède une cheminée monumentale et un
superbe plafond doré et sculpté ; l'*Hôtel
Blaize de Maisonneuve* (1723), (2, rue d'Orléans)
attire l'attention par son entrée principale,
son allée, comme on dit à Saint-Malo ; cette
allée se distingue par son harmonieuse voûte
de granit, supportant le grand escalier ;
le farouche conventionnel Lecarpentier y
habita pendant son séjour à Saint-Malo ; il
pouvait voir, du balcon, la *Porte de l'Escalier
Rouge*, qui donnait accès à une casemate où la
guillotine était remisée, après son fonction-
nement place de la Révolution, (aujourd'hui
place Chateaubriand) ; l'*Hôtel Beaugeard* (1,
rue Saint-Philippe) qui a appartenu à Robert
Surcouf, l'*Hôtel de la Saudre* (2, rue Feydeau),
l'*Hôtel de la Grassinaye*, , rue de Toulouse,
l'*Hôtel Lefer de Bonaban* (6, rue Saint-Sauveur), avec superbe console dorée, style
Louis XIV, au premier étage ; tels sont les
types les plus imposants et les plus robustes
des constructions élevées à Saint-Michel, au
temps de sa plus grande prospérité commerciale et par conséquent de son opulence
(1660-1730).

Ces hôtels, sans exception, comme, d'ailleurs, presque toutes les constructions de Saint-Malo, sont faits de granit ; il est intéressant d'en rechercher la provenance ; la pierre sort de plusieurs carrières du pays, le Grand Bé, la Cité de Saint-Servan, Erquy, Combourg, Lanhélin et surtout la Colombière, îlot inhabité, rocher battu par les flots, qui se trouve à quelques encâblures des Ebihens, à la pointe de Saint-Jacut, à environ deux heures de Saint-Malo, dans la direction sud-ouest. Avec la Colombière, dont le granit était très recherché à cause de sa dureté, les îles Chausey paraissent bien avoir été le centre principal de l'extraction du granit. On reconnaît sans peine le granit de Chausey dans un grand nombre d'édifices malouins ; il est essentiellement composé de feldspath lamellaire, de quartz et de mica, également disséminés ; gris-bleuâtre, parsemé de paillettes brillantes, il prend, quand il est mouillé, une couleur sombre ; mais on trouve aussi à Chausey un granit à la teinte brunâtre. Cette différence est très sensible, quand on compare entre eux certains immeubles de la rue d'Orléans et de la rue Saint-Philippe. De 1690 à 1730, le granit fut abondamment apporté des îles Chausey à Saint-Malo ; le fermier de l'île (Ile Grande), percevait 30 sols par batelée. C'est dans les *Archives de Monaco* qu'on trouverait, vraisemblablement, les documents les plus anciens sur cette extraction. On sait que les Goyon-Matignon, qui eurent la haute main sur le petit archipel, sont devenus, par une alliance au XVIIIe siècle, la souche des princes actuels de Monaco. A cette époque, des baux et des cessions de baux furent consentis par cette famille aux Gallard de Saint-Malo, aux Gilles Martin et Julien Girard de l'Ile Célée, en vertu d'actes de désistement passés au profit de M. François-Auguste-Thomas Lalande-Magon. En 1719, le granit servait non seulement à la construction des remparts, mais encore à celle des maisons particulières. On lit, en effet, dans *Piganiol de la Force* : « Il y a, à Chausey, beaucoup d'ouvriers à tirer la pierre et à piquer le carreau de grès qui est fort beau ; on le transporte à Saint-Malo pour les fortifications et y bâtir des maisons ». (*Nouvelle Description de la France*, t. IX, p. 510, éd. de 1754).

Il arriva même qu'un *mercanti*, sorte d'aubergiste restaurateur, qui exploitait, indignement, non les carrières, mais les malheureux carriers de Chausey, fut obligé de déguerpir. Saint-Malo hérita de ce triste individu ; il vint s'installer, disent les Archives, « dans les marais voisins de la rive, où sont les moulins à vent », c'est-à-dire dans les terrains voisins du cimetière actuel, un peu plus au nord. Le Courtois, — c'était son nom, — avait amené avec lui une fille de Jersey « *a Jersey girl* » ; le couple habitait une cabane qui était fréquentée par certains vieux Malouins, des jeunes aussi ; c'est pourquoi le chapitre de la cathédrale, qui avait un droit de police, fit expulser le mercanti et sa *girl*, dont la vertu n'était pas précisément exemplaire.

Plusieurs immeubles ont été aussi construits avec des pierres provenant de Normandie et, plus particulièrement, du pays de Vire. Il y a quelques années, me trouvant à l'orée de la forêt de Saint-Sever (Calvados), dans une contrée riche en carrières, d'où l'on extrait, depuis des siècles, un granit très fin et très pur, mon attention fut attirée, non loin de l'église du Gast, par une vaste construction rappelant beaucoup les hôtels de Saint-Malo : même granit, même forme, même appareil, même toiture, mêmes cheminées. Cette maison, dite *le Vieux Château*, est timbrée du millésime 1708 ; son architecte était originaire de Saint-Malo : j'ai retrouvé, en effet, dans l'église du Gast, une belle pierre tombale, sur laquelle sont gravés les attributs d'un architecte, une règle et un compas. L'inscription nous fait connaître que « dame Gosselain Giret, femme Lalande James de

Saint-Malo, en Bretaigne, est décédée au Gast, le 14 septembre 1739 et son mari Michel James, au même lieu, le 2 avril 1768 ».

Le granit de Saint-Sever et des environs, Gathemo, Montjoie, etc., était très recherché ; il se prêtait admirablement à l'ornementation des maisons, balcons, corniches, consoles, bandeaux, colonnes de portails, œils de bœuf, pierres angulaires, écussons, etc., il avait l'avantage d'être exempt de fer ; il ne rouillait donc pas. Malheureusement, l'éloignement des carrières (vingt-cinq lieues environ), en rendait le prix élevé, mais les multi-millionnaires de Saint-Malo n'y regardaient pas de si près.

A partir de la Révolution, il semble bien que Saint-Malo ne retira plus ses pierres des entrailles de la terre normande.

Sur la population de la ville et sur les caractères et la condition de ses habitants, on est plutôt mal renseigné. On verra, au chapitre de *la Course*, ce que les Anglais pensaient des Malouins, mais on n'oubliera pas que ceux-là étaient les ennemis les plus acharnés de ceux-ci. Sur le Saint-Malo, du milieu du XVIIe siècle, nous avons les impressions de François-Nicolas Baudot, seigneur du Buisson et d'Aubenay, plus connu sous le nom de Dubuisson-Aubenay, bourguignon d'origine, mais fixé en Normandie. En 1636, il accompagnait Jean d'Estampes Valençay, commis-

saire particulier du roi, envoyé en Bretagne,
comme intendant de Justice ; il visita Saint-
Malo le 20 et le 21 septembre 1636 : « La ville
est hors de sape et de mine, consigne-t-il dans
ses notes, la muraille estant partout assise
sur le roc. Les Malouins peuvent tenir vaisseaux à la rade, du côté nord, devant leur
ville, pour s'embarquer avec leurs richesses,
quand ils se verraient contraints à se rendre.

« Ils peuvent aussi couper la Chaussée (*le
Sillon*), qui les joint à la terre ferme et fait de
leur ville une isle ; il y a en la paroisse 12 ou
15.000 communiants et en sont bien 20.000
dans la ville ; ce sont tous marchands, peu par
terre, presque tous par mer ; ils divisent le
jour aussi bien que la nuit en quatre veilles
qu'ils appellent *quarts,* que le pilote ou maître
de navire et son contre maître partagent
alternativement ; leur trafic est principalement en Espagne et en Hollande, d'où pour de
l'argent, ils rapportent les denrées des Indes
où ils vont aussi de leur chef et plus principalement aux Indes Occidentales.

« *Tout le monde entend la mer* et tous les
maîtres de navires, dont il y a un grand
nombre, sont aussi pilotes ; mais ils ont bien
de la routine en usage et ne sont pas faiseurs
de cartes marines ni de boussoles, depuis la
mort d'un nommé Timothée, comme sont
ceux de Dieppe et du Havre, de Toulon et de

Marseille, ce qu'ils en ont leur vient de là. Ils ont aussi le trafic voisin et fréquent avec l'Angleterre.

« Ils habitent en leur ville assez splendidement et vivent délicieusement ; le poisson est à vil prix, les huîtres ne coûtent rien et le gibier d'eau y est à très bon compte. Il y a vin français, venant par la rivière de Seine et côte de Normandie ; mais, plus ordinairement, ils boivent vin de Gascogne rouge et d'Espagne blanc. Ils ont de mauvaises eaux, que néanmoins ils veulent faire passer pour excellentes, qui sont eaux de citernes, telles qu'il y en a deux dans le château, ainsi que dans toutes les maisons ; il y a aussi des puits comme dans l'Hôpital Saint-Sauveur ; mais l'eau sert à laver seulement et pour abreuver les chevaux.

« Ils lavent leurs draps et linges à la mer qu'ils disent fort blanchir et nettoyer plus que l'eau douce. Voilà pourquoi, après les avoir bien lavés et égouttés de l'eau de mer, il les relavent d'eau douce.

« Les femmes sont communément belles, blanches, colorées et grassettes, de visage doux, mais de petite stature, haut chaussées, fort honnêtes et pudiques. Les hommes sont rudes et grossiers, *marinis moribus*, si ce ne sont ceux qui ont beaucoup voyagé et par ce moyen poli leur esprit ».

Le chiffre donné pour la population par Dubuisson-Aubenay, 20.000, paraît exagéré ; au commencement du règne dé Louis XIV, Saint-Malo ne comptait guère que 14.000 âmes, en 1636, mais la prospérité de son commerce ne tarda pas à y attirer de nombreux étrangers et sa population s'accrut d'environ 3 ou 4.000 âmes ; les unions d'ailleurs, on le verra plus bas, étaient très fécondes. On possède sur la population de la ville, en 1694, un document très intéressant : il est l'œuvre de M. Georges Trublet de la Villejégu, qui rapporte le recensement dont il fut chargé : « Nommé, dit-il, avec Dudézert-Béard pour faire un rolle de tous les habitants de Saint-Malo, ils y travaillèrent quatorze jours très exactement depuis le matin jusqu'au soir ; ils trouvèrent 19.000 âmes des deux sexes, y compris les enfants au berceau, domestiques, compagnons et artisans ; pour un homme et garçon il y avait trois femmes ou filles ; la ville fut divisée en quatorze quartiers ». Cette proportion entre les sexes n'est pas conforme aux règles générales de la statistique démographique ; aussi est-il légitime de penser que, lorsque MM. Trublet et Dudézert dressèrent leur état, un millier d'hommes environ étaient absents, soit à la pêche au Grand Banc (*Terre Neuve*), qui s'effectue entre mars et octobre, soit aux Indes Orientales ou à la

Mer du Sud. A mesure qu'on s'approche de la fin du XVIIIe siècle et que la prospérité commerciale de Saint-Malo décroît, le chiffre de la population s'abaisse. La population du royaume, présentée par Calonne à l'Assemblée des Notables, donne pour Saint-Malo le chiffre de 16.767 habitants.

Cette estimation s'accorde assez bien avec les données des rôles de capitation. En 1790, la population de Saint-Servan était estimée à 13.000 habitants. Il résulte de ces rôles que c'est sur la classe des armateurs et des négociants que reposait toute l'activité économique de Saint-Malo. Gournay, dans son *Almanach* du commerce, cite 17 armateurs, s'occupant spécialement de la pêche à la morue, 9 du commerce des toiles, 8 du commerce avec la côte de Guinée et l'Amérique, c'est-à-dire surtout de la *Traite*, et 4 des marchandises du Nord. On trouvera leurs noms dans le recueil de Gournay.

Ce qu'on ne saurait assez admirer, c'est la fécondité des unions malouines. Les registres paroissiaux, qui tiennent lieu de registres de naissance, nous fournissent à ce sujet des renseignements d'une authenticité indiscutable. La correspondance échangée entre les Ministres et leurs agents à Saint-Malo nous donne aussi la preuve d'une magnifique natalité. En 1706, l'ordonnateur de la Marine,

Lempereur, attirait l'attention de M. de Ponchartrain sur M. Godalles-Demaine, ingé-
nieur-hydrographe à Saint-Malo : « Cet
homme est vraiment digne d'intérêt, écrivait
Lempereur au Ministre ; *il a eu trente-quatre
enfants de sa femme*, dont seize sont encore
vivants ; *en vingt-deux ans, il en a eu vingt-six* ».
On ne saurait dire, cependant, que ces mul-
tiples maternités épuisèrent Mme Godalles,
minèrent sa santé ou abrégèrent ses jours ;
elle mourut à Saint-Malo le 27 avril 1743
âgée par conséquent de 84 ans ! Honneur à sa
mémoire et à celle de son mari !

C'était à Saint-Malo, l'époque de l'opulence
et des familles nombreuses. Parmi celles-ci
on peut citer les Bossinot, 22 enfants ; les
Léveillé, Mallet, Leclair 19 ; les Lossieux
Guyon, Hamon, Desages, Ribertière-Ville-
bague, Grout, Gautier, Lecrosnier, de 16 à 14.
Les foyers, où l'on comptait la douzaine,
étaient nombreux. Il faut dire que, pour les
deux tiers de ces familles, les enfants étaient
nés d'un second mariage du père ; en général
les veufs (on disait aussi « les veuviers et
même les veuvassiers », cessaient « de vivre
dans l'isolement (*sic*) » au bout de deux ans ;
ils se remariaient alors presque toujours à
des jeunes filles du pays.

Il n'était pas difficile de trouver à Saint-
Malo, pour *nommer* tout ce petit monde,

des parrains et des marraines. L'histoire de Jacques Cartier est intéressante à ce sujet. Marié à demoiselle Catherine des Granges « fille fortunée », Jacques Cartier aurait connu tous les bonheurs, s'il avait eu des enfants. Il se consola, autant qu'il le put, en tenant sur les fonts baptismaux près de quatre-vingts enfants ; les registres de catholicité en font foi ; on peut dire que le découvreur du Canada, le bon seigneur de Limoilou, tient le record du parrainage. Du 21 août 1510 au 17 novembre 1555, il assiste à la cathédrale de Saint-Malo à 73 baptêmes, soit comme *petit compère*, soit comme *grand compère*. A cette époque, il y avait toujours deux parrains ou compères pour les garçons et deux commères pour les filles. La femme de Cartier ne demeura pas, non plus, en reste de filleules ; elle fut marraine une trentaine de fois. Il est infiniment probable que le couple de Limoilou était fort généreux ; autrement les Malouins, gens pratiques, ne lui auraient pas fait aussi souvent l'honneur de lui demander de tenir leurs enfants sur les fonts du baptême.

Ces pères de famille, on s'en doute bien, étaient des gens d'ordre ; l'un d'eux, Trublet, cité plus haut, nous a laissé une curieuse récapitulation de ses dépenses pendant trente ans, avec un état des pertes pendant cette période. Ce compte, un peu embrouillé, nous donne néanmoins d'utiles indications sur le prix de la vie à Saint-Malo à la fin du XVIIe siècle et au commencement du XVIIIe siècle. Trublet dépensait annuellement pour son ménage, une femme, treize enfants, deux domestiques, 225 livres pour son loyer, 500 livres pour la viande et le poisson, 110 livres pour le beurre, 75 livres pour le bois de chauffage, 50 livres pour l'éclairage (chandelle et huile), 75 livres pour le blanchissage, 70 livres pour « les desserts et rafraîchissements », 60 livres pour 1 barrique de vin, 60 livres pour un tonneau de cidre ; chaque couche de Mme Trublet, dont la fortune personnelle se montait à 48.800 livres, coûta 75 livres ; les nourrices et les sévereuses (*sic*) 90 livres ; les domestiques étaient payés 60 livres par an ; il donnait à l'église 135 livres ; la pension de ses enfants à Caen lui coûta 5.000 livres, en 10 ans. En 34 ans, il dépensa, ou plutôt il sortit de sa bourse, 120.345 livres, ce qui fait par an 3.589 livres. Une maladie lui coûta 1.500, un mauvais placement sur un navire, le *Chancelier*, lui fit perdre 1.800 livres. Un Malouin qui a examiné avec soin le compte de Trublet (*Annales de la Société Historique de Saint-Malo*, 1919-1920, p. 74), se demande ce que signifie l'article *Martinet* : 2.000. C'est tout simplement la somme que perdit Trublet dans la fameuse expédition de Martinet à la Mer du Sud, lorsque l'Espagne fit respecter ses droits sur la côte du Pacifique. Ce fut un véritable désastre pour les Malouins ; on estime à 15 millions la somme qu'ils perdirent dans cette affaire. Un autre article du compte de Trublet porte ce mot et ce chiffre : *La Vénerie* : 4.500. L'excellent homme était-il donc chasseur ? Pas le moins du monde, mais il était piqué, comme beaucoup de ses compatriotes, de la tarentule de l'anoblissement. On voulait à tout prix, une couronne et des armes ; quiconque est familier avec les noms des vieux Malouins remarque l'abondance de la particule. Elle ne prouve nullement la noblesse, pas plus que la mention *noble homme* dans les actes officiels ; celle-ci n'était qu'une politesse ou qu'une flatterie ; elle était employée, tout simplement, pour distinguer les membres d'une même famille ou des familles portant le même nom patronymique. Les fleurons poussés à Saint-Malo sentent toujours un peu la cannelle ; on a dit aussi que les parchemins de l'aristocratie n'y étaient pas très vermoulus. Trublet n'était pas assez riche pour payer, comme certains Malouins, de ses deniers personnels la réparation d'un quai, dont la dépense incombait à l'état, ni à faire cadeau au roi d'argent prêté pour ses besoins ; il voulut « faire consacrer aux yeux du public l'antiquité de sa race sur un signe apparent ; il acheta une charge de gentilhomme de la Vénerie du roi. Il eut droit ainsi au titre d'écuyer et, le dimanche 4 décembre 1712, M. le chanoine et vicaire perpétuel de Saint-Malo, lut au prône de la grand'messe, en l'église cathédrale, l'arrêt du 16 novembre précédent constatant que M. Georges Trublet, sieur de la Villejégu, était compris dans l'état des gentilshommes par quartier de la Grande Vénerie du roi, au lieu et place de Pierre Barbier décédé ». La joie fut grande, *rue du Cheval Blanc*, où demeurait le nouvel écuyer et, tout aussitôt, Mme Trublet, née Antoinette de Montigny, dessina le blason de M. de la Villejégu, dont la devise était *Tout par labeur*. Il lui en coûte 4.500 livres, modestement portés au compte La Vénerie, comme on l'a vu.

Cependant, Trublet, tout vaniteux qu'il paraisse, eût assez de bon sens pour ne point aller, comme plusieurs de ses compatriotes fraîchement anoblis, *traîner sa particule à Paris et à Versailles*. La cour et la ville ne le virent point. Il avait, sans doute, entendu parler de M. de Launay-Gravé ou Gravé de Launay, « de Saint-Malo », qui se voyant beaucoup de biens en fonds de terre, avec une charge de trésorier des Etats de Bretagne, était venu, dit Tallement des Réaulx, s'établir à Paris ; il y gagna beaucoup, n'étant bon qu'à cela hors le numéro. La Grassetière disait que M. de Launay était bien le fils d'*un dogue de Saint-Malo* ; il parlait comme un paysan ; il se croyait capable de tout ; un jour, il se proposa pour corriger les épreuves de son ami l'écrivain Malleville. Il était question, dans une pièce de vers de celui-ci, de cette pauvre Ino ; il corrigea et mit *Pauvre Job.* On ne l'appela plus dans le quartier que le pauvre Job ; une fois, il racontait une querelle ; il disait : « Ils se donnèrent des coups de poing et des coups de soufflets ». Ce bel esprit avait une petite femme qui n'était pas trop mal faite, « mais c'était une vraie petite bourgeoise de Saint-Malo, qui pourtant faisait fort la dame ». M. de Launay épousa en secondes noces Mlle Françoise Godet des Marais ou Desmaretz, dont la mère était une Gravé (*Mémoires de la Cour de France par le Marquis de Sourches*, Paris 1836).

La moralité de la ville laissait aussi beaucoup à désirer, comme dans tous les ports : *Corruptela maritima morum.* Les cabarets borgnes étaient nombreux à Saint-Malo ; ils étaient fréquentés par des filles publiques qui demeuraient, conformément aux ordonnances de police, dans la *rue des Mœurs* (aujourd'hui rue Saint-Joseph) ; quand il

était constaté que les filles n'étaient pas
saines, elles étaient dirigées, suivant le cas,
soit vers l'Hôtel-Dieu, soit vers l'Hôpital
Général, où elles étaient traitées par un spé-
cialiste, qui fut, longtemps, le Dr Hunault
(*Arch. Hosp.* C. 71. 2, cité par Dr Hervot).
Cunat, qui se réfère aux *Grandes Recherches*
de l'abbé Manet, écrit : « En 1649, le gouvernement fit embarquer sur les navires de
Saint-Malo qui allaient au Canada un grand
nombre de filles publiques pour peupler la
nouvelle colonie ; elles trouvèrent toutes des
maris et quinze jours après leur arrivée, elles
étaient établies à leur gré. Les prêtres et
les notaires conclurent des alliances sur le
champ ; et puis, par ordre de l'administration coloniale, on distribua gratis à chacun
de ces ménages un bœuf, une vache, un
cochon, une truie, un coq, une poule, deux
barils de viande salée, quelques armes et
onze écus. » On ne serait pas fâché de connaître la source où Cunat et surtout l'abbé
Manet ont pêché cette curieuse, mais peu
édifiante information. Je la crois fausse.

Ce qui est parfaitement authentique, c'est
le passage par Saint-Malo, dès le XVIe siècle,
de malfaiteurs à destination de l'Amérique.
On a trouvé, à ce sujet, une pièce de février
1541, ordonnant la conduite d'une *chaîne
de forçats* du Midi, (Béziers, Narbonne, Li-

moux, etc.) « jusqu'aux prisons de Saint-Malo de l'Isle en attendant leur embarquement ». On connaît même la plupart des noms de ces misérables et on a relevé, dans un rapport, un joli trait, qui fait penser au thème *retourné* de Manon Lescaut. Une jeune fiancée de dix-huit ans, *non accusée d'aucun cas*, c'est-à-dire innocente, supplie qu'on l'attache à la terrible *chaîne*, pour suivre un des scélérats, son ami ; elle s'appelait Mondine Boipée ; le galérien, François Gay, âgé de vingt-huit ans, originaire de Limoges, avait été condamné par le parlement de Toulouse (HARISSE, *Etudes sur les Transportations au Canada*).

Au XVIIe et au XVIIIe siècle, Saint-Malo vit arriver de nombreux prisonniers français, sortant, presque tous, par voie d'échange ou en vertu de conventions spéciales, des dures prisons d'Angleterre. En mars 1759, on y débarqua des militaires appartenant pour la plupart aux régiments d'Artois, de Cambise, de Bourgogne et au deuxième bataillon de volontaires étrangers. Les archives mentionnent le débarquement à Saint-Malo, à la date du 28 mars 1759, d'un gros contingent, avec dix-huit officiers ; ces braves gens avaient tous, selon la mode du temps, des surnoms : *La Volonté, Prèstaboire, Brindamour, la Tulipe, la Rose, la Verdure*, etc., sans compter plusieurs surnoms très gaillards, impossibles à transcrire ici en raison de leur naturalisme. Un des volontaires était même affublé d'un surnom qui jurait avec son glorieux métier ; il s'appelait *la Déroute !*

Les Malouins firent à ces pauvres diables un accueil compatissant et généreux ; mais des difficultés s'élevèrent bientôt au point de vue administratif. Ces prisonniers, réduits à un dénûment complet, occasionnaient à la ville de Saint-Malo des dépenses assez considérables ; le maire, ému des charges imposées par l'Etat à la caisse municipale, se plaignit avec vivacité aux agents du Trésor Royal : « La ville, disait-il dans sa requête à l'Intendant, est très obérée ; la paille pour le couchage de ces hommes est chère et presqu'introuvable ; Saint-Servan pourrait bien prendre sa part dans les dépenses du ravitaillement, en hébergeant aussi ces défenseurs de Sa Majesté ». Le ministre finit par donner satisfaction à la municipalité de Saint-Malo et Saint-Servan participa de bonne grâce aux frais occasionnés par le séjour des soldats.

Certains prisonniers français, avant de rentrer dans leurs foyers, avaient fait connaissance de jeunes filles du pays ; il y eut des promesses de mariage ; toutes ne furent pas tenues ; d'autres, les plus nombreuses, furent réalisées ; mais il s'éleva pour trois ou

quatre unions projetées des difficultés d'ordre
confessionnel. Parmi les soldats il se trouvait
des luthériens et des calvinistes et Monsieur
le Curé n'était pas très satisfait de voir « ses
chères petites paroissiennes » s'unir à des
protestants qui, certes étaient de braves gens,
mais vivaient en dehors de l'Eglise. L'amour
qui triomphe de tous les obstacles se montra
ingénieux ; il fit des conversions : les registres
de catholicité et des abjurations en font foi
et plusieurs de ces nouveaux convertis devinrent d'excellents catholiques. *Omnia vincit
Amor !*

CHAPITRE IV

Le Château, le Donjon, les Tours.
Les Prisonniers. L'Exilé de la Conchée.

Pour bien comprendre l'emplacement, la disposition et l'architecture du Château de Saint-Malo, déclassé comme place de guerre le 15 juin 1923, il faut se rappeler qu'il fut primitivement un ouvrage de surveillance et non de défense ; il n'était pas destiné à protéger la ville contre l'ennemi extérieur, mais bien à la maintenir dans le devoir ; aussi les Malouins le considérèrent-ils toujours comme une bastille dirigée contre eux et non comme une forteresse élevée pour les protéger et les défendre. En mai 1424, le duc Jean VI de Bretagne jetait, malgré l'interdiction de Guillaume de Montfort, seigneur-évêque de Saint-Malo, juste à la sortie de la ville et à l'extrémité de Gros Sillon, « *un chastel ou tour de guerre* ». C'est le donjon actuel, (le Musée y a été installé en 1927) ; il se compose d'une énorme tour en fer à cheval, aux murs épais, d'un granit au beau grain ; il est couronné de mâchicoulis ; son toit, sous lequel court une

galerie éclairée par des ouvertures carrées,
est chevauché par deux tourelles de guet gra-
cieusement accouplées ; l'escalier comprend
124 marches (23-20-26-28-21), coupées par
4 paliers ; un escalier plus étroit, formé de
42 marches, donne accès aux deux petites
plate-formes du guet pouvant contenir 30 personnes ; la hauteur du donjon est de 40 mètres.
L'escalier en colimaçon est éclairé par
d'étroites fenêtres souvent remaniées, aux
embrasures profondes, s'élargissant vers l'intérieur et munies de bancs de repos, pour les
soldats de la garnison. Une vaste salle occupe
chaque étage ; on y voit de belles cheminées.
De la salle du premier étage, on peut passer
par un escalier dérobé dans la chapelle du
château. C'est dans le donjon que les prisonniers de l'ordre du roi étaient enfermés.
(*Arch. dép. Ille-et-Vilaine C. 1009*).

Pour bien se représenter la situation du
château aux siècles précédents, il faut faire
abstraction de tout ce que l'on voit aujour-
d'hui, au premier plan, dans la partie est et
sud-est ; la digue, qui longe la mer depuis
l'amorce du *Sillon* (carrefour de *Rocabey*), le
quartier de la Gare, le bassin à flot, le bassin
de retenue, tout cet espace était couvert jadis
par la mer. Il faut ensuite créer, par la pen-
sée, une longue bande de sable *le Sillon*, un
isthme qui unissait aux Mielles et à la terre

ferme le rocher de Saint-Malo. Une première chaussée artificielle avait été construite en 1509 ; en 1558, on établit une jetée le long des murailles nord du château, ce qui permettait de sortir ou d'entrer par la *Porte Saint-Thomas* ; c'est le passage étroit muni aujourd'hui de chaînes de fer qui domine la *patte d'Oie* ou *éventail des Bains*, où Chateaubriand, enfant, aimait à jouer avec les vagues.

Le donjon primitif, la cellule pourrait-on dire de cette organisation militaire, fut jugé bientôt insuffisant pour tenir les Malouins toujours bouillants et frondeurs, en état d'obéissance. François II résolut de construire une enceinte faisant corps avec la place. Son œuvre, continuée par la duchesse Anne, fut terminée vers 1500. Le château forma dès lors un quadrilatère flanqué de 4 tours, deux grosses la *Quicqu'en Groigne* au N.-O. et la *Générale* au S.-E. ; la *Tour des Dames* au N.-E. et la *Tour des Moulins* au S.-E. Elles sont réunies par des courtines. La *Porte de la Ville*, dite *Porte Saint-Thomas* ou encore du *Sillon*, était défendue ou surveillée par le *Donjon* et *la Tour Carrée*.

La cour, plantée de huit ormes, a été convertie (1927) en jardin. On y remarque deux grands bâtiments sans caractère, qui ont servi de caserne à l'ancienne garnison (150 à 200 hommes) et de bureaux militaires (1698-1699 = 1720-1723 = 1738-1743), ainsi que deux citernes (220.000 et 80.000 litres). Après avoir monté un petit escalier en vis de Saint-Gilles, on parvient à la courtine, reliant la *Tour des Dames* à *Quicqu'en Groigne*. La *Tour des Dames*, angle nord-ouest, ainsi nommée, dit-on, parce que les dames du château y avaient libre accès, présente, comme ses trois sœurs, une belle plate-forme aux dalles de granit légèrement bombées pour éviter la stagnation des eaux de pluie ; elle est haute de 14 mètres, l'épaisseur des murs est de 6 mètres. La *Quicqu'en Groigne*, au nord-ouest, a 20 mètres de hauteur et 22 mètres de diamètre : ses murs ont une épaisseur de 7 mètres. Elle fut achevée en 1505 par la Duchesse Anne qui fit graver sur le parement vertical, du côté de la ville ses armes et la fameuse inscription : QUICQU'EN GROIGNE, AINSY SERA : TEL EST MON PLAISIR, pour témoigner du peu de cas qu'elle faisait des murmures des Malouins. La place de l'écusson et de l'inscription est encore très visible de la place Chateaubriand. On sait, en effet, que les révolutionnaires piquèrent au marteau les armes et l'inscription, rasèrent la courtine en avant du château et abattirent, après avoir comblé *les Douves*, les parapets de la *Quicqu'en Groigne* et de *la Générale*. Ils furent remplacés par des

gardes en fer. La brèche, faite par la popu-
lace, fut réparée en 1824 ; on s'en aperçoit
par la différence des pierres dans le mur.

Un escalier de 17 marches conduit de la
plate-forme de *Quicqu'en Groigne*, dont les
caves servaient de fours à la garnison et dont
la muraille, vers l'est, a dû être soutenue, il
y a environ cent ans, par deux arcs-boutants
d'un gracieux effet, au *Petit Donjon*, jolie tour
fine et crénelée, qui domine l'éventail. Une
partie de la courtine reliant *Quicqu'en Groigne*
à la *Générale* (angle S.-E.), a été très modifiée
et même, pourrait-on dire, *retournée*. De la
courtine primitive, dite de la duchesse Anne
et démolie en janvier 1793, sont restés deux
tronçons parfaitement visibles ; on distingue
aussi, dans le mur extérieur, la brèche qui
fut pratiquée, en 1794, dans la seconde courtine. *La Générale* haute de 21 m., ne contient
qu'une seule pièce ; elle servait de magasin à
poudre. La *Tour Carrée*, parfaitement visible
du *Jardin des Douves*, lui est accolée. C'est la
Tour Générale qui fut escaladée, dans la nuit
du 15 mars 1590, par une bande de jeunes
gens, excités contre le gouverneur, par le capitaine Frotet de la Landelle. En descendant
de *la Générale* par un escalier, on aperçoit la
chapelle du Château, à moitié ruinée, qui rem-
plaçait l'ancienne (1697). Destinée au lieutenant de roi, à sa famille et à ses officiers, elle

était réservée aux soldats de la garnison, à qui les franchises de la Ville et du Chapitre interdisaient la cathédrale. Ses aumôniers furent toujours mal payés ; leurs plaintes étaient incessantes ; enfin, en 1780, leur traitement fut porté de 295 livres à 355 livres, à condition que les réparations de la chapelle fussent à leur charge. Ils oublièrent leurs promesses ; aussi la chapelle ne tarda pas à être délabrée (*Arch. Dép. Ille et Vil.* C. 90).

En suivant la courtine de l'est, où les prisonniers d'Etat avaient la liberté de circuler sous la surveillance des soldats, on arrive à la *Tour des Moulins*, appelée ainsi, d'après les uns, parce qu'un moulin y était installé et, d'après les autres, parce qu'elle faisait face, au S.-E. aux moulins du *Sillon* et des *Mielles*. De *la Tour des Moulins*, on revient à *la Tour des Dames*, en suivant une courtine qui domine *la Galère*, ouvrage moderne (XIXe siècle), se terminant par un éperon tranchant, surmonté d'une jolie échauguette.

Le château, baigné par la mer au nord et à l'ouest, était entouré, par ailleurs, d'un fossé profond, aujourd'hui comblé (*Jardin des Douves, Place Chateaubriand*). Ces fossés ou douves étaient alimentés par la mer ; on les franchissait au sud par une chaussée sur arches, coupée par un petit pont-levis.

Le château a occupé une place considé-

rable dans l'histoire civile et militaire de la
Bretagne et surtout de la Cité ; il fut aussi
château du roi ou lieu d'exil ou de détention sous Louis XIV, Louis XV et Louis XVI.
Sans doute ces prisonniers ne furent pas bien
nombreux, en revanche, ils sont intéressants.
Voici, très abrégée, l'histoire des principaux
détenus de l'ordre du roi.

Le 7 janvier 1675, M. de Sainte-Marie, lieutenant de roi à Saint-Malo, celui que Mme de
Sévigné appelait la consolation des prisonniers, reçut de Colbert l'ordre de préparer,
pour un prisonnier de marque, « deux
chambres fortes, pleines de sécurité ». Le
16 janvier, *Michel Allory*, « janséniste dangereux », y était enfermé ; il y fut traité avec
beaucoup d'égards ; il resta dix ans quinze
jours au donjon, où il mourut le 3 janvier
1685. Pour lui faire honneur, on l'inhuma
dans l'église cathédrale ; il est probable que
le vieux janséniste était revenu de son
erreur ; le clergé malouin lui avait, depuis
longtemps, rouvert ses bras, mais le roi, lui,
s'était montré plus sévère que l'Eglise, il ne
lui avait pas rouvert les portes de son château.

Le chanoine *Jean Lenoir* « janséniste fou-
gueux », beau vieillard à la longue barbe
blanche, dont l'identité, tenue cachée par
l'Etat, avait longtemps intrigué les gens de

Saint-Malo, y fut *resserré* le 19 juin 1683. Il y resta six mois, fut transféré à Brest et à Nantes, où il mourut le 22 avril 1692, à un âge avancé.

L'abbé Couret, qui passa par le donjon, était un brave homme, un peu violent, très naïf et abondant écrivassier ; il avait, dans un libelle, défendu le pape contre le roi. Mis en liberté après un an et demi de détention (9 juin 1689-1ᵉʳ janvier 1691), il se rendit à Rome, croyant bien que le Souverain Pontife le récompenserait pour sa belle attitude envers le Saint-Siège. Il se qualifiait de *Champion du Pape !* Hélas ! Le vent avait tourné ; le pape et le roi s'étaient réconciliés et, pour toute récompense, le pape donna gratuitement au pauvre abbé Couret un billet de logement au Fort Saint-Ange, la bastille ecclésiastique de Rome !

En 1710, le château de Saint-Malo reçut quelques prisonniers anglais. Ils avaient été ramenés, en France, par le capitaine Alain Porée, commandant l'*Assomption*. Parmi eux se trouvait le capitaine *Stradling* ; il avait fait partie de l'expédition de Dampier, (mai 1704) et avait visité l'île Juan Fernandez, où il avait débarqué le malheureux Alexandre Selkirk, un des héros du fameux roman d'aventures, *Robinson Crusoë*. D'après Lempereur, contrôleur de la Marine à Saint-

Malo, Stradling aurait déclaré dans son interrogatoire passé au château de cette ville, le 11 septembre 1710, qu'avant de tomber aux mains des Français, il avait réussi à cacher un trésor sur la côte américaine. Lempereur suggéra à Pontchartrain d'autoriser un armateur malouin à aller à la découverte de ce trésor : « Il y a plus de cent mille piastres, affirmait-il, à récolter sur les bords de la rivière de la Plata. » Ponchartrain fait la sourde oreille ; Lempereur revient à la charge : « Ce n'est pas 100.000 piastres qu'on découvrirait, mais 280.000 ; je me suis trompé en disant que le trésor est enfoui au cap Corrientès, sur la côte occidentale du Mexique ». Cette fois, le ministre trouve l'affaire intéressante ; cependant Versailles veut agir correctement avec Madrid. L'Espagne ne verrait-elle pas d'un mauvais œil cette expédition ? L'ambassadeur fait une démarche auprès du cabinet espagnol ; celui-ci garde le silence. Lempereur s'énerve ; Stradling est transféré au château de Dinan ; il s'en évade, au grand désespoir du commissaire de marine, qui ne peut plus dorénavant faire parler Stradling et le pauvre Lempereur en est pour ses frais... d'imagination. Il avait inventé, en se servant habilement du capitaine anglais, toute cette histoire du *Trésor Caché*, dont Ponchartrain fut dupe, afin d'autoriser un armateur malouin de son choix à armer un navire pour faire avec l'Amérique du Sud, ce commerce interlope qui, d'ordinaire, réussissait à merveille.

A peu près à la même époque, fut enfermé *le curé de l'Hay* (près Paris) : c'était un vilain personnage ; il s'occupait d'alchimie ; on a même dit qu'il fournissait aux femmes *embarrassées* de vilaines et dangereuses drogues. Il trouva, un jour, auprès de ses cornues, une lettre de cachet qui l'expédia à la Bastille, puis à Saint-Malo. Il y resta peu de temps.

Les prisonniers du donjon n'étaient pas toujours des prêtres ou des religieux. *Julien Bourdas*, armateur et négociant à Saint-Malo, fut incarcéré, le 18 août 1714, accusé d'avoir armé secrètement pour la Mer du Sud. L'appât d'un gain considérable, qui se chiffrait parfois par plusieurs millions, incitait les armateurs à trafiquer avec les colonies espagnoles de l'Amérique du Sud. Bourdas ne passa que quelques jours au château de Saint-Malo et sortit de la Bastille, gracié par le roi, le 18 juin 1715. L'année suivante, il enrichissait sa famille d'un onzième enfant.

Un riche armateur de Saint-Malo. *M. Padet du Dréneuf*, qui s'était caché, pendant plusieurs mois pour éviter l'emprisonnement à la suite d'un refus de payer l'impôt, dit *indult*, de 50.000 livres pour marchandises importées d'Amérique, mangea le *pain du roi*, au château, pendant plusieurs mois ; mais la mort de Louis XIV, ayant jeté un grand trouble dans l'administration des Finances, il fut mis en liberté, sans condition, bien qu'il fût très riche ; on oublia même de lui faire payer sa dette envers le Fisc. Peu de temps après, Mme Padet qui, elle aussi, avait, pendant quelques jours, mangé le pain du roi, donna à son mari deux jumeaux ! Décidément Padet était né coiffé !

Le 1er août 1738, *M. Gilles-Gabriel-Alain du Bois* est enfermé au château de Saint-Malo à la requête de sa mère, parce qu'il dissipe son patrimoine et s'est amouraché d'une jeune fille peu recommandable. L'exempt, qui avait procédé à l'arrestation du jeune homme, envoya à Mme du Bois la note de ses frais et droits de capture : elle était salée la note ! Mme du Bois porta plainte à l'intendant de Bretagne : il ordonna une enquête. Il fut établi que l'exempt et son prisonnier avaient fait bombance, au cours d'une partie carrée, dans une certaine hôtellerie de la ville où l'on trouvait, d'ordinaire, quand on avait de clairs écus en poche, bon souper, bon gîte et *le reste*. L'exempt avait eu l'audace de faire figurer « ses menus plaisirs » sous l'article spécial, *Indemnité de séjour*, affirmant qu'il avait été obligé de se reposer à Saint-

Malo, parce que ses chevaux, qui avaient suivi le carrosse de M. du Bois, étaient fatigués. Mme du Bois mère déclara qu'elle ne voulait plus entendre parler de Saint-Malo et sollicita un nouvel ordre du roi pour faire *resserrer* ailleurs maître Alain. Celui-ci quitta le château de Saint-Malo le 14 mars **1741** pour une *maison de force*, demeurée inconnue.

Ce n'était pas seulement l'amour, mais aussi l'argent qui fit arrêter, le 25 janvier 1747, *M. Jean-François Farcy de la Daguerie.* Il avait fait, à Paimpont, connaissance d'une jolie personne, dont il s'éprit follement : mais elle était de basse condition. La famille de M. Farcy s'opposa au mariage : l'amoureux avait aussi des dettes et ses créanciers sollicitèrent également son incarcération. Elle fut longue et pénible ; M. de la Daguerie qui était au régime des détenus *recommandés,* c'est-à-dire emprisonnés pour dettes, demanda au maire de Saint-Malo d'intervenir en sa faveur. Celui-ci laissa entendre à l'intendant qu'il ne voulait pas être mêlé à cette affaire : il craignait de désobliger plusieurs de ses administrés avec lesquels il avait à compter, les jours d'élection. Les créanciers, qui maintenaient à leurs frais M. de la Daguerie dans la geôle, firent savoir qu'ils étaient bien décidés « à poursuivre celui-ci jusqu'au bout ».

Quel bout ?... Ce devait être le terme de la vie du pauvre président ; il décéda au château le 20 janvier 1757, après une détention de 8 ans 11 mois, qui constitue, très vraisemblablement, l'exemple de la plus longue durée de la *recommandation*, en matière de dettes civiles, *le record de la contrainte par corps*, dirait-on aujourd'hui.

A la suite d'incidents très graves qui sont énumérés, expliqués et abondamment commentés dans de nombreux ouvrages consacrés au Parlement de Bretagne et plus spécialement au duc d'Aiguillon, au procureur général La Chalotais et à plusieurs conseillers du Parlement, *M. Louis Charette de la Gascherie* fut enfermé au donjon de Saint-Malo, le 23 décembre 1765. Il se plaignit, tout aussitôt « d'être privé de lumière dans un réduit dont les fenêtres étaient murées jusqu'aux derniers carreaux ». Il faut faire une part très grande à l'exagération dans les plaintes de M. de la Gascherie et de ses co-détenus. La Chalotais allait jusqu'à prétendre que l'odeur du soufre, du goudron et de la poix, émanant des navires se trouvant dans le port, l'incommodait au point de le rendre malade. L'assertion est plaisante pour quiconque est familier des lieux. *M. Euzenou de Kersalaun*, également conseiller au Parlement de Bretagne et enfermé au donjon à la même époque, se plaignit d'avoir été mis dans un cachot, plus bas de 8 pouces que la cour, et destiné, sans doute, aux plus grands scélérats. « L'humidité, disait-il, était si grande que les pierres étaient chargées d'eau : il me fallait une planche sous les pieds pour me garantir. Au-dessus de cet horrible cachot était la chambre des gardes-clefs, dont le bruit et le mouvement m'interdisaient le sommeil. Le plancher qui nous séparait n'était formé que de pièces de bois maljointes, à travers lesquelles tombaient des ordures et une poussière dont j'étais accablé. Je ne pouvais boire et manger, sans faire tenir, au-dessus de ma table, une serviette suspendue. »

La publication des lettres de M. de Fontette, découvertes, il y a une trentaine d'années, à la Bibliothèque de la ville de Dijon, a fait bonne justice de l'accusation de cruauté que plusieurs écrivains locaux faisaient peser sur cet excellent gentilhomme. Il ne faut pas faire non plus un martyr de *La Chalotais*, tout nimbé d'émouvantes légendes par de zélés admirateurs. L'histoire de son cure-dent, avec lequel « *il grava pour l'Immortalité* », n'est, après tout, qu'une boutade de Voltaire, inventée de toutes pièces. Il serait bien extraordinaire que La Chalotais, qui avait de nombreux moyens de correspondre avec l'extérieur et de se procurer du papier et de l'encre, même malgré les prescriptions administratives, ait été réduit à écrire sur des chiffons ou du papier à chocolat, avec un cure-dent et à composer une encre faite de suie détrempée, de sang, de sucre et de vinaigre. *Matériellement la chose est impossible.* Encore une légende qui disparaît ! Il semble bien, au contraire, que *ces messieurs du Parlement de Bretagne* furent traités, sinon avec égards, du moins sans dureté ; La Chalotais était fort bien nourri par un restaurateur de la ville qui eut, d'ailleurs, assez de peine pour se faire payer sa note ; elle s'élevait à 8.925 livres 12 sols. Tous les détenus avaient même le droit de recevoir des visites et même... des pots de beurre jusqu'au jour où l'on découvrit que les familles cachaient, au fond de ces petits pots, des ardoises où l'on gravait à la pointe sèche toute une correspondance. L'un des détenus fut même autorisé à avoir un chien ; mais celui-ci n'était pas atteint de la même maladie dont souffrait son maître, une rétention d'urine ; le chien *inondait* l'escalier du donjon. Ce n'est pas d'aujourd'hui que les chiens de Saint-Malo, (s'il n'y avait que les chiens !), montrent un pareil sans gêne.

Une lettre de cachet envoya aussi au château de Saint-Malo « en 1707, un employé de service du contrôle des Guerres, de Dinan, M. de Kerbijan (?) ou Kerbigan, qui avait la

spécialité de surveiller *très mal* les prisonniers anglais et de favoriser leurs évasions
en vidant leurs bourses ; il n'était pas le seul
à profiter de cette taxe d'un nouveau genre.
Il fut dénoncé par une vertueuse (*sic*) malouine, appelée Perrine Fontandart. Le roi
ordonna une enquête et le contrôleur des
guerres fut enfermé au château de Saint-
Malo ; il y resta peu de temps (7 juillet-
19 novembre 1707). Il se retira à Dinan, d'où
il écrivait à un ami : « J'espère bien ne plus
jamais retourner à Saint-Malo ; j'y ai maigri
de douze livres ! »

Un peu plus tard, un prisonnier du même
donjon, *M. Pierre de Reynes*, un assez vilain
personnage qui donnait à Louis XV des indications très précises sur la vertu des dames
de la Cour et leur degré d'instruction dans les
arts... *d'agrément*, se déclarait, au contraire,
enchanté de la nourriture servie aux détenus
à Saint-Malo : « L'air de la mer, écrivait-il
à sa femme, m'a fait beaucoup de bien et
même m'a aiguisé l'appétit. J'ai grossi de
neuf livres ».

Décidément, il est bien difficile d'écrire
l'histoire !

Un des derniers habitants du donjon fut
M. Jean-Louis de Kergus, conseiller au Parlement de Bretagne. Il s'était livré à des voies
de fait assez graves sur un avocat de Rennes,

un sieur Saunier, auquel il reprochait de prendre aux pauvres gens de gros honoraires. Interné à Saint-Malo le 18 décembre 1783, en vertu d'une lettre de cachet du 28 novembre, M. de Kerjus fut traité par M. Picault des Dorides, lieutenant de roi, « avec toutes les prévenances auxquelles lui donnaient droit la nature de ses fonctions et sa qualité de gentilhomme ». On lui donna même « *tout l'air du château* ». Il trouva que c'était insuffisant et le 3 avril 1784, il s'évadait, en laissant ce billet, bien en évidence, sur le lit de sa chambre forte du donjon. « On trouvera, avait-il écrit, deux cents livres dans ma bourse ; le tapissier, le traiteur et le concierge se partageront cette petite somme. La femme Béhier, qui faisait ma chambre, aura mes ustensiles de ménage et mon restant de café et de tafia et, avec la permission de Monsieur le Commandant, je me prosterne très humblement, en lui baisant les mains, aux pieds de Mme des Dorides ». En marge du papier, M. des Dorides écrivit : « Mauvaise plaisanterie d'un particulier, payant bien peu de retour les sentiments humains dont M. et Mme des Dorides n'ont cessé de combler M. de Kergus ».

Il fut arrêté, un mois après, dans sa petite gentilhommière de Guer ; il s'y était encore livré à « des excentricités démontrant qu'il avait l'esprit dérangé ». Il écrivit au Premier Président, à Rennes, une lettre plus qu'impertinente. Le roi l'envoya, par une lettre de cachet, au château de Saumur, où il mourut, paralysé et inconscient, le 2 décembre 1797, à l'âge de 54 ans.

Le château de Saint-Malo était le seul, dans cette partie de la Bretagne, sauf celui de Dinan, à recevoir des individus, objet d'une lettre de cachet. Cependant, on trouve dans les *Archives départementales du Calvados* un dossier relatif à un jeune homme originaire de la Normandie, qui fut *resserré* dans l'îlot de la Conchée, voisin de Saint-Malo.

A un kilomètre et demi environ au nord-est de Cézembre, s'élève le fort de la *Conchée*, construit sur l'ordre de Vauban en 1692. Il passait pour imprenable ; il est certain qu'il opposa une vigoureuse résistance à la flotte anglaise de Barklay, en 1695, et que l'ennemi ne put réussir à éteindre son feu.

En janvier 1757, une famille de Coutances sollicitait du roi un ordre pour détenir un jeune gentilhomme, qui faisait le désespoir de sa famille. Une enquête fut ordonnée et l'intendant de Normandie, dans un rapport du 27 mars 1757, concluait à l'internement du sieur Jacques Macquart du Ruaire, « dans l'île de la Conchée, spécialement indiquée par la parenté ». Ce lieu d'exil n'étant jamais

proposé par les familles normandes, M. de
Fontette, intendant de la généralité de Caen,
fit prendre des renseignements sur l'îlot. Ils
représentèrent la Conchée, « comme un
séjour si affreux » que l'intendant signala la
dureté d'une détention sur un rocher exposé
aux plus furieuses tempêtes, alors surtout
qu'on avouait « la santé usée de M. le chevalier ». Cependant, le ministre, après quel-
qu'hésitations, contresigna l'ordre de détention ».

La famille avait dû, selon l'usage, *soumis-
sionner* pour la garantie de cette pension fixée
à 1.000 livres ; la fortune personnelle du jeune
chevalier ne permettait de prendre sur ses
biens qu'une somme de 250 livres, revenu
d'une petite ferme qu'il possédait à Cenilly
près Coutances, seul bien qui lui restât d'un
patrimoine rapidement dilapidé. Le premier
terme, payé d'avance par son frère, médecin
à Coutances, avait eu pour résultat de faire
transférer le jeune chevalier sur l'îlôt de
Bretagne ; la famille avait poussé un soupir
de soulagement ; mais quand il fallut acquit-
ter le second semestre, les Macquart firent
la sourde oreille et un mandement royal
ordonna à l'intendant de décerner contrainte
contre *la parenté* de l'exilé. Celle-ci ne bougea
pas et ce n'est que sur la menace de révoquer
l'ordre, c'est-à-dire de mettre en liberté Jean-

Michel Macquart, que de légers acomptes furent versés au Trésor.

Cependant la santé de l'exilé devenait de plus en plus mauvaise ; il toussait à fendre l'âme et « le mal pulmonique » faisait de rapides progrès. Le subdélégué de Saint-Malo écrivit au ministre qu'il était impossible de donner à M. du Ruaire les soins que comportait son état ; il réclamait même l'assistance d'un prêtre, car depuis près d'un mois, la petite garnison de la Conchée était privée de son aumônier. Des amis se préoccupèrent aussi du triste sort de l'exilé et M. de Warren, colonel du régiment Meuse-Infanterie, estimait « que son ancien lieutenant avait assez souffert pour qu'on le libérât et qu'on l'espérât corrigé ». La famille se décida, enfin, à déclarer au ministre qu'il lui était impossible de payer pour M. du Ruaire une pension aussi élevée. Versailles donna l'ordre de transférer l'exilé à Bicêtre. Il arriva à la *Bastille des Pauvres* dans un état lamentable « brisé par le voyage et crachant ses poumons ». Quelques jours après, il y mourait. Ses parents écrivirent à l'Administration une lettre larmoyante, affirmant que « le voyage avait tué leur cher exilé » ; ils prétendirent qu'il aurait vécu de longs jours encore, si on l'avait maintenu à *la Conchée* « dont l'air, il est vrai, était vif, mais très salubre ». Le subdélégué fut chargé par le ministre de leur dire « *qu'ils ne manquaient pas de front* » et ils furent invités à verser au Trésor Royal une somme de 400 *livres* 8 *sols* pour *arriéré de pension*. Obtempérèrent-ils à l'ordre du roi ? Le dossier ne l'apprend pas.

C'est, à ma connaissance du moins, le seul détenu qui ait été *resserré* à la Conchée, qui, d'ailleurs, était mal aménagée pour recevoir des prisonniers ; par contre, le château du Taureau, à l'embouchure de la rivière de Morlaix, devait en être abondamment pourvu, dans le cours des XVIIe et XVIIIe siècles, puisque la Maison du Roi refusait d'y recevoir des détenus faute de place.

CHAPITRE V

La Vie religieuse. — La Cathédrale.
Le Manoir épiscopal. — Choses et Gens d'Eglise.

Si l'on examine avec attention un plan de
Saint-Malo, à la fin du XVIII° siècle, on constate qu'une grande partie de la ville, un
sixième environ de sa superficie totale, présente la forme d'un ovale, à peu près régulier,
mais légèrement allongé vers l'ouest ; cet
ovale est limité par la *rue de la Croix du Fief*,
ou mieux le *bas des Halles*, par la *rue des Halles*
ou de la *Vieille Blaterie*, la *rue de la Prison* ou du
Petit Cimetière, le *placître Saint-Aron*, la *rue Saint-*
Benoît, la *rue des Champs Vauverts*, la *rue Sainte-*
Anne, la *rue du Thydor* ou *du Boyer* ou encore
du Bé, la *place du Pilori* et, enfin, la *rue de la*
Vieille Boulangerie. Cet ovale, dont on pourrait
réduire encore un peu les contours, comprend
la *Prison*, le *Petit Cimetière*, la *Cathédrale*, l'*Évê-*
ché avec ses cours et ses jardins, *l'église, le*
Cloître et les *Jardins des Bénédictins*, *l'église de*
Sainte-Anne et des *Ursulines*, le *Petit* et le *Grand*
Jardin de Sainte-Anne, le jardin et les *bâtiments*
du Doyenné. On passait, sous une voûte, de la
rue de la Cathédrale à la place de la Cathé-

drale sous laquelle existait une citerne. Cet ovale réduisait pour ainsi dire la *Ville Sainte* dans la *Ville Ceinte*. Une autre voûte, avec vantail, était accolée au côté nord du chevet de la cathédrale.

Sur le côté nord de la place de celle-ci, s'ouvrait le portail extérieur du *palais épiscopal* ; il donnait accès à toute la cour ; à l'ouest de cette cour, entre la *Maison du Pavillon* et des bâtiments communs, s'ouvrait le portail intérieur du palais qui donnait accès à *la grande cour de l'évêché* ; dans l'angle nord-est existait un puits. Autour de cette cour, se trouvaient les remises et les écuries ; sur le côté nord étaient la Bibliothèque, les Archives et les petits appartements ; à l'ouest, séparé par un vestibule, la salle d'entrée, la salle à manger et la grande salle ; plus vers l'ouest encore, le petit *jardin de l'Évêché*, que séparait une large allée du *grand jardin de l'évêché* ; sur le côté sud de la cour intérieure de l'évêché, on voyait une cuisine, une remise et un cellier ; au sud, le jardin et la cour du *Doyenné* qui rejoignait la voûte de la cathédrale ; de l'autre côté s'ouvrait la cour de la *Chanterie*.

Le manoir épiscopal fut l'objet de plusieurs démembrements ; on peut dire qu'il couvrait l'espace actuellement occupé par l'hôtel de ville, le tribunal, les bureaux de la sous-préfecture, la place Duguay-Trouin, une partie de la rue de Thydor, la rue Toullier, en un mot la ville haute. Il faut recourir *avec une grande prudence* aux ouvrages spéciaux qui cherchent à déterminer les anciens bâtiments (*Pourpris*). On peut dire que le pourpris était borné au nord par le mur des Cimetières, à l'ouest, par l'Évêché, au sud par la voûte de la Chanterie, à l'est par la rue des Halles. Il comprenait donc la moitié de la rue de la Paroisse, la place de la Cathédrale et la partie supérieure de la rue des Halles : Psalette, Pénitence et Théologale, etc... En 1616, les bénédictins anglais bénéficièrent de plusieurs parcelles de terrain et, trois ans plus tard, l'évêque afféagea le côté occidental de ses jardins aux fondatrices du couvent de Sainte-Anne. Le manoir épiscopal demeura sans changements appréciables jusqu'à la Révolution et l'évêque, après avoir traversé le pourpris, pénétrait dans sa cathédrale par *la porte à l'Évêque*, c'est-à-dire par le portail gauche de la face de l'ouest. Sous la Révolution, le palais fut vendu à la ville ; les cours et jardins furent transformés en rues et places publiques ou vendus comme terrain à bâtir. Les derniers vestiges de l'évêché disparurent en 1835, lors de la construction du Tribunal Civil et des agrandissements successifs de l'Hôtel de Ville (1835-1870). La *place Du-guay-Trouin* représente assez exactement le Grand Jardin et la *place de l'Hôtel de Ville*, avec la rue Toullier, *la Cour d'Honneur de l'Evêché*. Les arcades ou voûtes (l'une d'elles existe toujours, celle de la rue des Halles) servaient d'entrée au *Pourpris* ; elles étaient munies de portes ; asile paisible et sûr, ville close au milieu de la Cité murée, disent des historiens locaux. Il n'est pas démontré que ce fut un asile si paisible que cela.

Les chanoines avaient, en général, l'esprit combattif et l'évêque n'était pas toujours très conciliant. Le chapitre que Jean de Chatillon, chanoine régulier lui-même, avait institué, ne devait pas toujours obédience à l'évêque et il matérialisait ce privilège en s'enfermant silencieux au chœur, quand, le jour de son installation, le nouvel évêque recevait à l'obédience le reste du clergé. La copropriété des droits seigneuriaux entre l'évêque et le chapitre était une source abondante de différends et de contestations de toutes sortes ; *on se disputait âprement les revenus de l'évêché ;* l'évêque primitivement en avait un tiers, le chapitre les deux autres ; gourmand, celui-ci en exigea les trois quarts. « La juridiction temporelle engendrait aussi des luttes parfois ardentes et, des querelles misérables, de bruyants procès, — (c'est un ecclésiastique

qui parle ainsi), furent amenés par le partage des pouvoirs ». Et voici qu'à ce dua-
lisme épiscopal allait s'adjoindre un troisième pouvoir, le pouvoir civil, né en 1308,
avec la Commune Jurée, indépendante et
fière, qu'un édit de 1513 fortifiera étrange-
ment. La Communauté tiendra ses assem-
blées du peuple au *Ravelin de la Grande Porte*,
à la *Salle du Jeu de Paume* ; Saint-Malo a
sa maison commune, son maire, son syndic,
ses baillis, ses juges consuls et ses quatorze
compagnies bourgeoises ; la Communauté
édicte et légifère, établit des règlements de
police, surveille le commerce et la navigation, impose des taxes, perçoit des revenus,
fortifie ses murailles et les granits de ses canons. La crosse épiscopale n'est ni brisée, ni
méprisée et ces messieurs du chapitre ne sont
pas éloignés du Conseil de ville ; soit, mais la
Communauté marche à grands pas vers l'au-
tonomie. Les démêlés entre l'évêque et ses
chanoines se compliquent maintenant singulièrement des démêlés avec la Communauté.
Une ville aussi divisée aurait infailliblement
péri, si le prélat, les chanoines et le peuple ne
s'étaient pas unis dès que les droits de la
cité se trouvaient menacés ; l'union se fait,
tout s'apaise, la trêve n'est pas toujours très
longue, mais elle dure assez pour faire triompher la cause des Malouins étroitement unis.

Mais toutes ces considérations appartiennent au domaine de l'histoire politique et sociale de Saint-Malo ; je sortirais du cadre que je me suis tracé, si j'en disais davantage.

On contristerait beaucoup les fidèles malouins, si on déclarait que leur cathédrale n'est pas un chef-d'œuvre ; mais il serait injuste de refuser au plus vieux monument de la ville son caractère original, intéressant et curieux ; privée de toute harmonie architecturale, la cathédrale est l'œuvre d'époques différentes ; c'est un composé disparate où l'on finit par démêler plusieurs styles. La tradition rapporte qu'à une date imprécise, Gurval, évêque d'Alet, aurait construit sur la roche d'Aaron une église en l'honneur de saint Malo, son prédécesseur. Elle aurait été incendiée en 811 par un des lieutenants de Charlemagne et Hélocar, son évêque, aurait obtenu du Grand Empereur, puis de son fils Louis le Débonnaire, l'autorisation de reconstruire l'édifice. De l'église du IX⁰ siècle, il ne resterait rien ; on veut, cependant, trouver dans les piliers carrés de la nef centrale, certains vestiges annonçant la période romane. De Gurval nous ne savons rien de précis ; « C'est bien, dit l'abbé Duine, le successeur de saint Malo dans la légende ; mais la légende n'a aucune valeur historique. » Saint Malo, lui, est bien considéré comme le fondateur de l'église bretonne d'Alet ; mais pour un historien consciencieux, il est impossible de déterminer s'il appartient au VIe ou au VIIe siècle. Sa biographie nous offre deux groupes de synchronismes qui sont irréductibles l'un à l'autre. Le premier groupe réunirait Samson, Conmort et Childebert et permettrait de situer le saint dans le VIe siècle ; l'autre groupe nous présente Brandan de Clonfert, Colomban de Luxeuil, Léontius de Saintes et le roi Judicaël qui aurait précédé le saint dans la tombe. Ce choix autoriserait à dire que saint Malo est du VIIe siècle. « Bref, dit M. l'abbé Duine, rien dans la *Vita Machuti* n'est limpide, ni le nom, ni l'histoire, ni la chronologie. Les faits miraculeux dont sa vie est bondée, ont été puisés dans la mine commune à l'usage des écrivains du moyen âge ».

Après la vie de saint Samson, la vie de saint Malo est la plus ancienne de toutes les vies des saints bretons ; c'est le premier document, bien daté, du cycle de saint Brandan et de ses extraordinaires voyages à la découverte de l'Ile Fortunée. On en possède deux relations, l'une de Bili, diacre d'Alet, l'autre anonyme. La première, distribuée en deux livres, renferme un récit de la translation des reliques du saint et celui de plusieurs miracles ; la seconde s'arrête à la mort de saint

Malo, en Saintonge, mais une troisième pièce. contenant le récit de la translation, s'y réfère et en forme le complément. D'après Mgr Duchesne, cette dernière est postérieure au règne d'Alain le Grand, mort en 907 et antérieure au transfert des reliques à Paris ; elle aurait donc été écrite dans la première moitié du Xe siècle.

Entre les deux rédactions, il y a de graves différences et, sur un point important, une contradiction flagrante. D'après Bili, le saint n'aurait pas reçu la prêtrise, mais aurait été ordonné par le métropolite de Tours ; l'autre rédaction porte que saint Malo aurait été évêque dans le pays de Galles, avant son arrivée au pays d'Alet. Avec sa maîtrise et sa probité d'historien habituelle, Mgr Duchesne a étudié les deux rédactions, s'est efforcé de les dater et d'en trouver le rapport avec la réalité historique (*La vie de saint Malo, étude de critique, Revue Celtique*, XI, p. 1-22 (1890) : « Cette question, dit l'éminent hagiographe, est bien difficile à résoudre ; elle n'est même pas susceptible d'une solution absolument sûre et précise ; au moins peut-on indiquer un minimum de données certaines, au-delà desquelles les traditions, si elles contiennent encore des éléments de vérité, les enveloppent de tels nuages que les yeux de la science, moins perçants que ceux de la foi, ne parviennent pas à les isoler. Deux choses sont certaines : 1° Saint Malo a fondé le monastère d'Alet et exercé l'épiscopat dans la région voisine : 2° Saint Malo est mort à Saintes. C'en est assez pour justifier le culte dont il a été l'objet en ces deux localités ; sur la vie réelle de saint Malo, nous n'avons que très peu de détails particuliers. Venu du pays de Galles, il fut, comme tous les saints de son temps et de son pays, un homme d'une foi, d'une piété et d'une austérité extraordinaire, un prédicateur énergique, un grand protecteur des faibles, une âme fière, capable de parler ferme aux représentants de la force brutale. Ce qui le caractérise, ce n'est ni sa provenance, ni son rôle ; tous nos vieux saints bretons viennent d'Outre-Mer ; Malo n'a qu'un trait particulier, c'est son exil volontaire. En général, les saints bretons meurent chez eux ; celui-ci est allé mourir à l'étranger, après avoir, dit-on, maudit ses ouailles ingrates. On ajoute, il est vrai, qu'il leur pardonna avant de mourir et même qu'il vint leur apporter ses dernières bénédictions. J'ai bien peur que ce dernier trait ne soit une atténuation de la tradition primitive et authentique. Les saints bretons n'étaient pas tendres ; c'est beaucoup qu'ils pardonnent au lit de mort. »

L'étude critique de Mgr Duchesne a encore le mérite de fixer la date de la narration du

premier sage, dont s'inspire Bili pour écrire
la vie de saint Malo. Bili était décédé vers
870 ; il occupa le siège d'Alet, dans les dernières années de IX⁰ siècle ; cela suppose
qu'il naquit vers 840, c'est-à-dire sous Louis
le Débonnaire ; mais on ne saurait remonter
plus haut ; la science liturgique de Mgr Duchesne entre ici en scène. Les détails de la
messe célébrée par saint Malo sur le dos
d'un monstre marin (une baleine dit-on),
l'*Agnus Dei* venant après le *Pater*, se rapportent non à la liturgie gallicane, suivie par
les Bretons des deux côtés de la mer, aux
temps mérovingiens, mais à la liturgie romaine. L'*Agnus Dei* fut introduit dans la
messe romaine sous le pape Sergius (687-705) ;
or, cette liturgie ne pénétra en France que
vers le VIII⁰ siècle. Les Bretons séparés
politiquement du corps de l'empire franc,
« obstinés de longue date, dans une hostilité
spéciale contre les usages romains », ne
l'adoptèrent pas spontanément ; il fallut
l'insistance de Louis le Débonnaire pour que
l'on consentît à sacrifier les vieux usages.

Une contradiction absolue s'élève aussi
au sujet des reliques de saint Malo. Une
tradition veut que les Alétiens se soient
emparés, à Saintes, de la tête et de la main
droite de leur évêque ; les reliques, conser-
vées dans l'île d'Aaron, y auraient engendré

de nombreux miracles. On admettait alors
le partage avec Saintes ; mais au temps du
roi Alain (888-907) ou de l'évêque Bili, un
jeune Alétien se serait emparé furtivement
du corps de Malo. La joie fut grande dans
le pays ; on avait le squelette entier. De là
l'histoire de Ménobred : « Vrai ou fausse,
conclut Mgr Duchesne, elle met mes compatriotes du Xe siècle dans un très mauvais
cas : ou bien ils ont perpétré un vol de
reliques, avec la circonstance aggravante
d'un odieux abus de confiance, ou bien ils
s'en sont vantés sans l'avoir commis. Cette
dernière hypothèse me semble plus vraisemblable que l'autre. Quel que soit, d'ailleurs,
le péché pour lequel on se décide, les délin-
quants auront été absous, sans la moindre
difficulté, par l'opinion de leur temps fort
indulgent, on le sait, en matière de fraudes
pieuses ».

On commence à voir un peu plus clair avec
Jean de Châtillon, qui aurait bâti la nef et
le chœur de la cathédrale, mais il est nécessaire de rejeter les affirmations de d'Argen-
tré et de Dom Lobineau qui retrouvent dans
le chœur actuel celui que l'évêque Jean
entreprit et acheva ; le style du chœur,
son triforium, ses voûtes traversées de ner-
vures, ses fenêtres rayonnantes attestent le
XIVe siècle ; un chevet droit, percé d'une

magnifique baie termine le chœur ; c'est la
plus belle partie de l'édifice. Or on n'a trouvé
rien de mieux à faire que de masquer ce
splendide chevet par un dais prétentieux et
disproportionné soutenu par six colonnes
grecques... ou ce que vous voudrez et provenant de l'ancien monastère de Saint-Benoît !
Cette faute de goût a été commise il y a plus
d'un siècle ; on a demandé plusieurs fois la
suppression de ce lamentable et fâcheux
écran ; seules, quant à présent, les statues de
saint Pierre et de saint Paul, qui rappellent
de solides garçons bouchers, ont été éloignés
des piliers triomphaux et montent une garde
plus discrète à l'entrée d'une chapelle du col-
latéral du sud. Rappelons que le maître-autel
est orné de trois statues en marbre blanc,
La Religion, saint Benoît et saint Maur, provenant du couvent de Saint-Benoît. Les moines
les avaient payées 9.000 livres ; elles sont
l'œuvre intéressante de Schiaffino, sculpteur
Génevois ; le commerce malouin avait des
relations suivies avec Gênes, ce qui avait
facilité la commande des statues et leur transport, par mer, à Saint-Malo. Ces statues
n'ont pas attiré l'attention de Flaubert qui
nous a donné ses impressions sur la cathédrale de Saint-Malo, quand il la visita en
1849. « L'église, dit-il, est laide et sèche,
sans ornements, presque protestante d'aspect.

J'ai remarqué peu d'*ex voto*, chose étrange
ici, en face de périls. Il n'y a ni fleurs ni
cierges dans les chapelles, pas de Sacré-Cœur
saignant, de vierge chamarrée, rien enfin
de ce qui indigne si fort M. Michelet. Le seul
tableau que nous ayons remarqué dans l'église
est une grande toile représentant la bataille
de Lépante et dédiée à Notre-Dame des Vic-
toires ; au premier plan, toute la chrétienté
est à genoux, princes et roi couronnés en
tête ; au fond les deux armées s'entre-
choquent. Les Turcs sont précipités dans les
flots et les chrétiens lèvent les bras au ciel.
Ce tableau, sans aucune valeur artistique, a
donné lieu à des discussions ardentes où
l'imagination s'est quelquefois trop séparée
de l'histoire. La cathédrale possédait aussi
une toile représentant l'attaque d'un vaisseau
malouin par un kraken ou poulpe gigan-
tesque. La bête monstrueuse, en serrant le
navire dans ses horribles tentacules, voulait
l'entraîner dans les abîmes. Les marins,
armés de haches et de fusils, résistèrent vigoureusement et finirent par triompher du
poulpe. La toile a disparu, il y a, dit-on, une
cinquantaine d'années, tout comme « les
argenteries » qui, avant la Révolution, enri-
chissaient le Trésor de la cathédrale.

A vrai dire, les évêques de Saint-Malo n'ont
pas fait grand bruit par le monde. Saint

Malo lui-même appartient beaucoup plus à la légende qu'à l'histoire ; d'ailleurs le catalogue de ses évêques tout au moins jusqu'au VIIe siècle est moins que sûr ; seul ou presque seul Jean de Châtillon appelé aussi Jean de la Grille a laissé le souvenir d'un prélat combattif qui réussit à vaincre de nombreux obstacles grâce à l'appui du pape Eugène III, qui le soutint dans ses luttes avec Conan III, duc de Bretagne. L'évêque Thomé se montre très brave dans une terrible épidémie qui décima Saint-Malo ; mais plusieurs se désintéressent de leur diocèse ; Guillaume Ruzé passe, tout juste, quelques jours auprès de ses ouailles, et encore est-ce pour accompagner son souverain. Charles de Bourgneuf est tellement houspillé par ses chanoines qui le soupçonnent de favoriser Henri IV que, « dégoûté de son siège par les amertumes qu'il y connaît », il l'abandonne avec joie et se retire sans tarder. Mgr Le Gouverneur est pris à partie par certaines gens d'église furieux d'être dépeints par lui « comme se délectant abusivement dans les festins, sous couleur de confréries, ne saisissant que trop l'occasion *d'ivrogner* et faisant trop souvent, en la Maison d'Oraison, *une cohüe de Caquet.* » (*Statuts Synodaux Saint-Malo*). Mgr Sébastien de Guémadeuc aime la chasse et les chevaux ; Mme de Sévigné le plaisante « sur son goùt giboyeux ». Mgr Vincent Desmaretz soupçonné de jansénisme est jalousé, *parce qu'il s'intéresse au négoce* et qu'il use, dit-on, de son influence auprès des Secrétaires d'Etat pour favoriser les armateurs qu'il a dans sa famille. Mgr de la Villemontée est un ancien magistrat, honorable et expérimenté ; mais la volonté lui fait totalement défaut ; Fogasses de la Bastie, qualifié de lumière de l'Eglise de France, est surtout connu par sa laideur physique ; quand il avait été nommé au siège de Saint-Malo, Louis XIV avait dit : « Je ne fais pas un beau cadeau aux dames de Saint-Malo, mais les maris me seront reconnaissants ». Sa table sera abondante et bien servie. Les Malouins diront : « On peut mettre un bouchon au logis épiscopal ».

Presque tous les évêques entrent en lutte plus ou moins sourde et plus ou moins violente avec les congrégations établies à Saint-Malo. Après avoir témoigné une certaine bienveillance aux bénédictins anglais débarqués à Saint-Malo en 1611, en raison des persécutions de Jacques Ier, Mgr Le Gouverneur et surtout son successeur, Mgr du Hârlay se montrent si désagréables avec les exilés que ceux-ci, découragés, vendent leur couvent aux Mauristes et se retirent à Paris (1669). Les Récollets de Cézembre ont, eux aussi, maille à partir avec le siège de Saint-Malo, surtout du jour où ils s'installent au coin de la rue des Remparts et de la rue Robert Surcouf; cependant, touché, enfin, par leur piété et par leur bienfaisance, l'évêque leur accorde, sans trop de peine, un terrain gagné lors du deuxième accroissement, ce qui permet aux Récollets d'élever un couvent à deux étages dont l'entrée principale était rue de Toulouse. La voûte ou arcade, qui enjambe la rue des *Vieux Remparts* et qui subsiste encore aujourd'hui et intrigue souvent les touristes, fait communiquer le couvent de Saint-François avec le vieux couvent.

Les Récollets de Cézembre possédaient une bonne bibliothèque ; elle était, surtout, riche en incunables; la plupart de ces précieux volumes sont conservés à la Bibliothèque Municipale de Saint-Malo. L'un deux fut très utile à Renan pour la préparation de sa thèse de doctorat ès-lettres sur Averroës et l'Averroïsme : « Etant allé passer, dit Renan, quelques mois à Saint-Malo, ville qui n'est pas beaucoup plus savante que Vendôme [où Renan venait d'être nommé professeur], j'y trouvai une bibliothèque formée d'anciens fonds de couvents, où dormaient, sous une épaisse couche de poussière, toute la scholastique, les éditions d'Aristote imprimées à

Venise les *Index de Zimara* et une partie des gloses des maîtres de Padoue ».

Des sept volumes d'Aristote que possède la Bibliothèque de Saint-Malo, deux ont particulièrement servi à Renan ; ils sont classés case 50 N°s 6533, 6541 et case 52, N°s 6403. Sur un feuillet de garde est indiqué leur numéro d'ordre dans la bibliothèque des Récollets de Cézembre ; on y voit aussi la signature d'un religieux : *Ch. Louvet.* La bibliothèque du couvent de Cézembre *aurait* possédé aussi le manuscrit du *Roman d'Aquin* ou la *Conquête de la Bretagne par le roy Charlemagne*, savamment édité par M. Jouan des Longrais. D'après une note, trouvée dans ce manuscrit, il aurait été découvert « sous les ruines du monastère de Cézembre près le fort de la Conchée, à trois lieues de Saint-Malo ». Réfugiés à Saint-Servan, les Récollets, dont la situation était alors très précaire, purent très bien vendre ce manuscrit à un agent de la Bibliothèque Colbertine. C'est un ouvrage intéressant ; on doit seulement regretter que certains écrivains y aient puisé des renseignements absolument erronés, qui ont faussé, sur plusieurs points, les données de l'histoire et fait commettre ainsi de fâcheux anachronismes.

———

CHAPITRE VI

On a donné de la *Course* de nombreuses défi-
nitions ; elles sont, le plus souvent, inexactes
ou erronées ; son caractère très complexe et
même variable ne permet pas de la définir
dans une formule qui réponde absolument à
la réalité. Le caractère changeait sensiblement de port à port. Dunkerque, Boulogne,
Nantes, Saint-Malo, Morlaix, Brest, La Rochelle, Bayonne, tous adonnés à la Course,
présentent des particularités et des différences appréciables : armement, équipages,
règlements et coutumes. Son origine légale
remonte aux *Lettres de marque*. En vertu de ce
principe que le droit de guerre est un attri-
but de la souveraineté, les particuliers ne
peuvent commettre des actes d'hostilité envers les puissances étrangères ; mais s'il était
démontré en justice que ces particuliers,
molestés dans leur personne ou lésés dans
leurs intérêts naturels, n'ont pu obtenir des
autorités étrangères une légitime satisfaction,

on leur concédait le droit de se dédommager
en leur accordant des *lettres de marque*, moyen
dangereux et barbare qui conduit, tout droit,
à la piraterie : *cursarii, prædones maris, piratæ*
(*Du Cange*). C'est pour cette raison qu'on a
confondu, très souvent, la piraterie avec la
course ; en droit pur, *c'est chose bien différente* ;
en pratique le fossé qui les sépare est beaucoup moins profond, du moins, à l'origine
de la Course. Au XVIIIe siècle encore, le
mot de *corsaire* et même celui *d'armateur*
sont souvent employés dans le sens péjo-
ratif. ainsi qu'en fait foi cette définition
de Denisart : « Les Corsaires sont des gens
qui courent les mers pour voler et piller
tout ce qu'ils peuvent prendre » (DENISART,
Décisions Nouvelles, t. I, p. 734). Déjà un édit
rendu sous Henri III en 1584, portait : « Les
Corsaires pillent, robbent et déshonorent
tout ce qu'ils trouvent à leur avantage (1) ».
A la veille de la Révolution, Benjamin Fran-

(1) Bien avant la délivrance des lettres de marque, les
Malouins armaient en course contre les Anglais dans la
Manche (*Bibl. Nat. Quittances*, t. 53, n° 57.91). Leurs petits
navires étaient appelés *escaffes* ou baleiniers. L'un d'eux,
avec une audace incroyable, pénétrait en 1423 dans le
havre de Caen et y pillait des marchandises appartenant à
un nommé Séraphin Labbé. Les Bretons avaient parfois à
bord leurs femmes et leurs enfants « avec leur même
ménage, poz, paëlles et vaisselle d'estain ». (*Id. Ibid.* I. I. 175
n° 284). Les gens de Saint-Malo avaient partout la réputation d'être des *escumeurs de mer*. On a prétendu que dès
1213 « ils couraient pour faire le pis aux insulaires ».

klin demandait énergiquement la suppression
de ces pratiques néfastes. « Pourquoi, écrivait-il, ne proscrirait-on pas pour jamais cet
usage odieux des Corsaires, reste de l'ancienne piraterie, qui peut enrichir quelques
armateurs avides et peu scrupuleux, piraterie que l'on trouve peu profitable aux nations
qui l'autorisent, si l'on considère qu'au commencement d'une guerre les corsaires s'em-
parent de quelques vaisseaux richement
chargés, que ces succès encouragent les premiers aventuriers et que de nouveaux suivent
leur exemple ; alors les nations belligérantes
arment leurs vaisseaux marchands ; les Corsaires se multiplient et, à la fin de la guerre,
la somme totale des dépenses de ce grand
nombre de Corsaires surpassent celle de la
valeur des prises. C'est donc une *loterie où
quelques individus ont le gros lot, tandis que la
masse des intéressés perd*. Les armateurs, qui
ont acquis rapidement de grandes richesses,
se livrent à de folles dépenses ; elles finissent
toujours par la ruine. Enfin les dangers que
les Corsaires font courir aux vaisseaux marchands haussent les primes d'assurances et,
par suite, le prix de toutes les marchandises.
C'est un impôt qui pèse sur tous et qui est
immoral sous tous rapports ». Le 30 mai 1792,
Kersaint avait proposé la suppression de *la
Course* à la Convention Nationale ; mais celle-ci

jugea l'application du principe humanitaire, posé par Kersaint, inopportun et *malaisé (sic)*. Elle rejeta sa proposition. Au XIXe siècle, la Course a été jugée très sévèrement par des hommes fort compétents : « Les habitudes de pillage, que les matelots contractent à ce métier, dit l'amiral Jurien de la Gravière, le soin d'éviter la rencontre des bâtiments de guerre et de ne rechercher que des bâtiments de commerce, les disposait mal à des luttes honorables. Tout Corsaire devient à la longue un pirate et rien ne se bat moins bien qu'un forban. »

Au point de vue religieux, la Course était-elle légitime ? Grave question ; elle préoccupa vivement les Malouins qui retiraient de la Course les plus grands profits, *qui en vivaient.* Ils avaient à cœur, du moins apparemment, de concilier la religion avec leurs intérêts et les articles du *Code des Prises* avec les commandements de Dieu. Renoncer à la Course, c'en était fait de leurs richesses. Abandonner de fructueuses opérations pour mettre sa conscience en paix et assurer le salut de son âme, quel sacrifice ! On consulta les plus sages docteurs. En 1672, ces bons théologiens déclarèrent que la Course était légitime, sous quelque prétexte et pour quelque motif qu'on la fît, à condition qu'elle s'exerçât sur les ennemis de la religion et de l'Etat. On va

loin avec un pareil système ! Il ne déplut pas
aux Malouins ; il laissait libre un champ fort
étendu. En 1709, nouvelle consultation du
chanoine du Parc et, à peu près à la même
époque, le R. P. Edmond, récollet, de la pro-
vince de la Madeleine, dans un sermon qu'il
fit, le mardi de Pâques « à Saint-Malo traita
le sujet avec toute la profondeur et la netteté
qu'on pouvait attendre de ce religieux, aussi
pieux que savant », affirmait-on : « Vous
pouvez, dit aux Malouins le Père Edmond,
faire la Course sans crainte, à condition que
les commandants des vaisseaux gardent la
justice qu'ils doivent à leurs armateurs, dont
ils sont domestiques et aux Ordonnances du
roi qui règlent les *pillages* » (*sic*).

Les armateurs furent enchantés ; non seulement le saint homme ne condamnait pas la
Course, mais il se faisait le champion des
armateurs, trop souvent dépouillés par les
capitaines et les états-majors. Ceux-ci, la prise
faite et avant tout inventaire, commençaient
à se servir eux-mêmes. Le clergé réprouvait
seulement cette pratique ; elle lésait, quelquefois, certains de ses membres qui étaient
intéressés dans les entreprises maritimes.
L'évêque de Saint-Malo, Mgr Desmarets,
reconnaissait franchement cette participation ; l'évêque de Nantes en passait même,
le 16 février 1706, l'aveu écrit au Contrôleur

Général : « Si vous vouliez me permettre, écrivait le prélat à ce haut fonctionnaire, d'envoyer [à la Mer du Sud], un navire de 50 tonneaux, je trouverais des amis pour me faire une avance et je pourrais ainsi gagner quelque chose ». (*Correspond. des Contr. Gén.* II, n° 915). Quant à Mgr Sébastien de Guémadeuc, il s'intéressait surtout à la chasse et aux chevaux. On sait avec quel esprit Mme de Sévigné s'est égayée de ce prélat qui s'intéressait beaucoup à la vénérée.

Les théologiens étaient, d'ailleurs, d'accord avec les jurisconsultes civils qui déclaraient sans rire que les philosophes et les philantropes désapprouvant la Course étaient de mauvais citoyens « ayant une conscience artificieusement délicate ». (VALIN, *Comm.* et LE BEAU, *Nouv. Code*).

Il est juste de dire que les Corsaires reconnurent, autant que possible, les services que leur rendait l'Église ou plutôt les théologiens, en respectant les objets du culte ; cela ne les empêchait pas, toutefois, de faire main basse sur les reliquaires et même sur des vases sacrés. Ils les offraient, le plus souvent, aux églises de leur pays d'origine. En 1697, Louis XIV ordonna la *restitution* de tous les objets sacrés que de Pontis avait... *collectionnés* à Carthagène des Indes. En 1710, nous voyons le gouvernement contraindre Julien Fouquet,

capitaine du *Phélypeaux* de Saint-Malo, à
rendre aux Franciscains du Pérou, un tabernacle doré, trouvé à bord du navire capturé ;
le sacrifice ne fut pas très considérable, le
tabernacle n'avait pas une grande valeur.
Enfin les Malouins que la *Course* enrichissait
faisaient célébrer des messes aux départs des
Corsaires ; on implorait la bonté de Dieu « *pro
peregrinantibus* ». Toutefois, les armateurs
n'étaient pas bien généreux avec les célé-
brants. Un capucin reçut seulement quinze
sous pour ses prières (*Arch. Finistère* B. 4256).
De plus les armateurs enrichis faisaient, à
leur lit de mort, de généreuses fondations et
tel, qui amassait une fortune avec la *traite
des Noirs,* recommandait à sa fille de confec-
tionner de ses propres mains de beaux ornements d'église. *Eleemosyna redimit peccatum.*
Cependant si soucieux que fussent les armateurs des biens spirituels de leurs matelots,
ils firent la grimace, quand une Ordonnance
Royale imposa l'obligation d'avoir un aumônier sur les navires ayant au moins
40 hommes d'équipage. La place était peu
recherchée, l'apostolat étant difficile et les
appointements très maigres. A une époque
où l'armement était très prospère, très rému-
nérateur, les aumôniers recevaient 30 livres
par mois, juste moitié moins que les barbiers
et, cependant, ils n'avaient pas de casuel.

Les navires faisant la Course ne possédaient pas tous un médecin. Une ordonnance du 5 août 1681, complétée par une ordonnance du 5 juin 1717, imposa un chirurgien à tout navire ayant au moins 20 hommes d'équipage.

Ils étaient recrutés un peu au hasard ; l'hygiène était absente de ces bâtiments mal tenus, mal aérés et soumis à un régime alimentaire que la culpidité des armateurs rendait absolument défectueux ; des épidémies, notamment le scorbut, éclataient avec intensité après quelques semaines de croisière. Le sort des chirurgiens-médecins était peu enviable ; ils étaient moins payés que l'écrivain du bord, un peu mieux que l'aumônier. On se rappellera que Broussais s'embarqua comme chirurgien à bord du Corsaire *Le Bougainville* ; il fut félicité par son armateur n'ayant, dans toute la campagne, dépensé que 143 livres en drogues et pansements, alors que d'autres faisaient une grande et onéreuse consommation de vieux linge *cherpy* (charpie). Pas très fort en pratique ces chirurgiens ! Un jour, le corsaire Alain Porée reçut une blessure qui nécessitait une opération assez grave et immédiate. Le chirurgien déclara qu'il était incapable de la pratiquer. Le corsaire lui demanda son traité d'anatomie et, le livre en main, dirigea, lui-même, tous les mouvements de l'inhabile praticien, pendant que celui-ci, d'une main tremblante, taillait les chairs.

Autrement habile était le chirurgien anglais Malgrat, de Plymouth, qui sauva la vie d'Angenard, capitaine du lougre *Le Spéculateur*, fait prisonnier par un anglais en novembre 1813 ; un biscaïen avait traversé l'épaule d'Angenard, lui brisant l'omoplate, la tête de l'humérus et la clavicule. La plaie était infectée, la gangrène et le tétanos étaient à redouter. Pendant près de quatre mois « le chirurgien fit couler une eau très froide sur l'horrible blessure, ce qui évita l'amputation et la guérison devint bientôt définitive ». (*Mém. d'Angenard, Annales de Bretagne* VII. 198).

L'armateur est la cheville ouvrière de l'entreprise ; la plupart des armateurs sont des commerçants de la région. On en trouvera la liste dans l'ouvrage si documenté de M. l'abbé F. Robidou : *les Derniers Corsaires Malouins*. Quelques-uns sont d'anciens capitaines ; les uns sont de petits capitalistes travaillant avec les fonds des actionnaires ; d'autres ont une belle fortune, bien assise ; quelques-uns sont des hommes politiques ; ils jouissent, la plupart du moins, de l'estime de leurs concitoyens et même ont une place distinguée dans l'aristocratie malouine ; les préfets affirment presque toujours qu'ils sont dévoués au gouvernement et pleins de zèle pour les intérêts du pays. Certains, cependant, se signalent par leur cupidité et « l'amour sacrilège de l'or » ; on reproche aussi à quelques-uns de manquer d'humanité envers leurs équipages malheureux. Les pauvres diables des pontons en savent quelque chose ! Le plus souvent, les armateurs travaillent, surtout, avec les fonds des actionnaires ; cependant les riches négociants ont la plus grosse part dans les armements ; quelquefois ils s'en réservent tous les risques et les avantages. C'est l'époque où la Course est prospère et *rend bien*.

Les navires utilisés pour la Course étaient d'un tonnage plutôt faible ; la forme variait, lougres, bricks, brigantins, goëlettes, sloops, péniches, rarement des trois-mâts ; la qualité essentielle était la rapidité ; ils devaient, surtout, bien tenir la mer, en raison des gros temps qu'ils avaient à affronter. Au XVIIe siècle, les Corsaires ont un assez fort tonnage ; quelquefois, ils doivent naviguer sur des mers lointaines ; sous la Révolution et le Premier Empire, les navires de 200 tonneaux sont rares ; en 1813 (époque de Surcouf), on compta sur 100 navires, 40 de 16 à 50 tonneaux, 30 de 50 à 100 tonneaux, 20 de 100 à 200 tonneaux et 20 au-dessus. Quelques-uns étaient en si mauvais état et d'une telle

vétusté, que les marins refusaient de continuer la course. (*Mém. d'Angenard,* Croisière de
l'*Aventurière* an VII).

Un grand nombre de ces bateaux étaient
neufs ; ils sortaient, pour la plupart, des
chantiers qui s'étendaient entre la Porte
Saint-Vincent et le milieu du Sillon. Il y
avait aussi des chantiers à Saint-Servan, au
Trichet, à la Grève de Chasles et aux Talards. Que coûtait leur construction ? Il est
impossible de le dire, même approximativement, surtout pour les unités construites
avant 1790. L'armement exigeait des sommes
plus considérables que la construction ;
l'Etat se montrait rigoureux en ce qui concerne cet armement. Après 1790, on n'accorde
plus de *Lettres de Marques* aux armateurs, qui
ne justifient pas d'une artillerie de 10 à
14 pièces par navire. Une coutume bizarre
était d'installer, bien en vue sur le pont,
quelques canons en bois. Ce camouflage était
destiné à impressionner l'ennemi (*Inventaire
du Passe-Partout*).

Les capitaines étaient, souvent, des proches
parents des armateurs et même ses frères ;
il arrivait aussi que ces capitaines, ayant pris
un peu d'âge ou ne pouvant plus naviguer en
raison de certaines infirmités ou de maladies
contractées en mer, aux colonies ou à l'étranger, devenaient armateurs ; on a vu aussi des

armateurs passer capitaines. Est-il besoin d'ajouter que ces capitaines était pleins de bravoure et d'audace ? C'étaient, surtout, d'incomparables manœuvriers, rompus à leur métier ; la plupart d'entre eux ne possédaient guère, il est vrai, de grandes connaissances nautiques, la théorie chez eux n'était rien, la pratique était tout. Quelques capitaines avaient, cependant, suivi les cours du *Collège de Marine* que Colbert avait créé à Saint-Malo, en 1660, afin d'apprendre aux officiers les choses nécessaires à un bon marin.

Cette ignorance des Malouins au point de vue théorique ne fait aucun doute. Le voyageur Dubuisson-Aubenay l'avait constatée, on l'a vu, en 1636. Malgré la création du Collège Maritime, d'assez nombreux sinistres se produisaient encore par suite du peu de connaissances nautiques des capitaines ; c'est ainsi que le sieur Godet des Grèves, armé par M. Robert Mennais (*sic*), père de l'illustre écrivain et penseur, étant chargé de convoyer à Saint-Malo un brick anglais, capturé par les Corsaires, prit le sud pour le nord et fut se jeter sur les rochers de Penmarc'h, alors qu'il se croyait dans les parages de Bréhat. Deux enseignes de marine, de Saint-Malo, Jean Le Gallant et Barthelémy Laisné, officiers à bord de l'*Auguste*, durent être débarqués, « ces deux messieurs (*sic*) ne savaient pas faire le point et étaient toujours couchés ; le capitaine avait même été contraint de les mettre aux fers en raison de leur mutinerie ». (*Arch. dép. Finistère ; Amir. Morlaix. B. 4197*). En 1715, on trouve encore la preuve de l'impéritie de certains états-majors : le 24 février 1715, le navire *Le Comte de Lannion*, de 250 tonneaux, 22 canons, 88 hommes, capitaine Jean Rouzier, s'échoue près de Cap Vert : « Ce malheur, dit le rapport officiel, est arrivé par la faute des officiers qui n'ont pas pris assez d'attention à leur navigation ; leur ignorance et leur mauvaise conduite ont coûté la vie à nombre de bons matelots ». *Arch.* St S. C⁴ 326. Sous le Premier Empire, les règlements maritimes exigeaient pour tout capitaine commandant un navire dépassant 50 tonneaux, un diplôme qui était décerné seulement après un sérieux examen ; de plus, avant de délivrer *la Lettre de Marque*, le ministre se renseignait toujours sur la moralité du capitaine. Leur bravoure était bien connue ; on reprochait même à l'un d'eux « de faire la guerre plutôt en militaire qu'en corsaire ». La maistrance, qui constituait l'élite de l'équipage, comprenait les maîtres canonniers, voiliers, calfats, maîtres d'équipage et maîtres d'armes.

Parmi les membres de l'équipage, les rôles distinguaient les matelots, les volontaires, les novices et les mousses. A partir de Louis XVI on comptait aussi *les surnuméraires*, c'est-à-dire le cuisinier et, si le navire avait un certain tonnage (au moins 100 tonneaux), le maître coq. La place de cuisinier était très enviée. Il est dit dans un récit du combat entre le *Revenant* et la *Conception* qu'un matelot surnommé Grand Gosier, ayant vu tomber, frappé d'un biscaïen, le cuisinier du bord, quitta un instant la mêlée, fouilla le cuisinier, lui déroba la clé du buffet et rapporta sous sa blouse un superbe poulet rôti; puis il reprit son poste, après avoir mis sa trouvaille en lieu sûr (*Vigie de l'Ouest* : 10 mars 1839).

Le recrutement des équipages, surtout dans la période de prospérité de la Course, était plutôt facile. Les gens de mer préféraient de beaucoup un embarquement sur un Corsaire à un embarquement sur un vaisseau de l'Etat.

Le gouvernement impérial prohibait même d'engager à bord des Corsaires des marins figurant sur les contrôles de l'Inscription Maritime, et cela pour plusieurs raisons : la solde au service de Sa Majesté était plutôt maigre ; sur le Corsaire la paie ou mieux le salaire sans être élevé, était appréciable ; le matelot escomptait surtout les chances du gain, quand la campagne, l'expédition ou mieux la Course s'annonçait fructueuse ; la

part de prise atteignait, quelquefois, des
sommes assez élevées ; à un certain moment
(1706) on eut plus de matelots qu'on en voulait ; mais quand la Course rendait peu, les
armateurs étaient obligés d'avoir recours à
des racoleurs ; on faisait même de la réclame
par affiches et par journaux ; on vantait l'expérience et la bonté du capitaine, la régula-
rité dans le paiement des salaires, l'excel-
lence de la nourriture et jusqu'au coup de
rikiki, c'est-à-dire « la tasse d'eau-de-vie ou de
tafia, que l'on sert aux hommes de l'équipage quand il faut « avoir du cœur au
ventre ».

A la fin du XVIIe siècle, le recrutement et
surtout l'embarquement n'étaient pas chose
aisée sur les Corsaires. Les flottes du roi enle-
vaient tous les marins valides ; on ne trouvait plus que des gens sans aveu, des éclopés,
des déserteurs. A Saint-Malo, toute cette
racaille se cachait dans les auberges mal
famées. Une ordonnance du 9 mai 1693
défendit à tout cabaretier, hôtelier, de recevoir chez eux aucun matelot français ou
étranger, sans un billet du commissaire de
Marine (*Arch. Marine B*[2] p. 114). Tout cela
n'empêchait pas les hommes de faire la noce
avant le départ : l'armateur, quand il recru-
tait ses hommes, leur remettait tout d'abord,
« outre l'argent sur la main (arrhes) le prix

de ses journées depuis le jour où on commençait à armer jusqu'à celui où le navire sortait du port. L'armateur payait *toutes les buvettes* et déchargeait de tous frais l'écrivain établi au *foyeux*, sorte de cabaret où se faisaient les engagements.

Les Corsaires de Saint-Malo présentaient cette particularité qu'ils étaient, généralement, montés par des équipages très homogènes, appartenant, le plus souvent, à une même région ; sur plusieurs navires s'embarquaient aussi des parents du capitaine ou de l'armateur, des jeunes gens se destinant à la Marine Royale et qui voulaient « se faire la main ». Au XVIIIe siècle, la valeur professionnelle des marins diminua très sensiblement ; on fut réduit à accepter des aventuriers, ce qui explique l'indiscipline qui régnait à bord des Corsaires, dans les années qui précédèrent la Révolution.

Les marins étaient, parfois, durement traités : « Ne vous étonnez pas si le capitaine est dur envers ses hommes, est-il écrit dans un rapport conservé dans les *Archives départementales du Finistère, Am. Morlaix. B. 4477.* Cet officier a fait une trentaine de voyages en Guinée [*la traite des Noirs*]. Il s'est accoutumé à voir apprécier des hommes au prix du métal. » Cependant les armateurs donnaient à leurs capitaines l'ordre de ménager leurs matelots : « Chaque jour, écrivait une grosse maison d'armement au commandant de *La Nymphe*, nous recevons des plaintes effroyables contre vous, en raison du mauvais traitement que subissent les marins du bord ; faites-leur peur, mais point de mal. »

Les punitions corporelles étaient fréquentes « Le plaisir de ces Messieurs est de fouetter les mousses » (*Arch. Finistère. Am. de Morlaix* B. 4197.) Ce sont les souffre-douleur de l'équipage. Tel maître a l'habitude de soulever, longtemps, par les oreilles, un moussaillon terrifié ; un mousse est attaché, plusieurs heures, par les pieds et, après avoir langui dans cette posture, fort longtemps, il reçoit, culotte baissée et chemise levée, une *fouaillée* de grelin (*cordages*). L'aumônier intervient, parce que... la chose est indécente. D'autres jeunes garçons sont aussi l'objet de... faveurs spéciales, qui sont punies sévèrement par les lois ; ces pratiques honteuses continuent même jusqu'à terre et les dossiers des *Ordres du Roi* nous révèlent de nombreux actes, commis dans les ports de la côte par d'anciens navigateurs.

Il ne faut pas, cependant, considérer les Corsaires comme des barbares ou des bandits. Un méchant bruit s'était, un jour, répandu qu'un capitaine avait ordonné de couper la tête à une femme faite prisonnière sur les côtes d'Angleterre. Horreur !... Je crois avoir découvert l'explication de cette nouvelle : le 26 juillet 1744, le corsaire Fleury avait capturé le corsaire anglais *Israël* ; la proue (*avant*) du navire ennemi était ornée d'un superbe buste de femme, sculpté en plein bois et fort agréablement colorié. Le capitaine Fleury fit couper la tête de la femme et l'emporta comme trophée (*Arch. Am. Morlaix 4.192*).

C'est ainsi qu'on écrit parfois l'Histoire !

La nourriture des équipages était très médiocre ; la viande était de conserve et dite de *salaison*. Dans les croisières et expéditions du XVIIe siècle, les hommes avaient généralement, par semaine, cinq repas de viande, lard et bœuf alternés ; on leur servait, chantaient-ils :

> *Des gourganes, du lard rance,*
> *Du vinaigre au lieu de vin,*
> *Du biscuit pourri d'avance,*
> *Et du camphre le matin.*

On incriminait surtout le commis du bord, « triste et vilain congre, voleur de ration ». Ils faisaient maigre le vendredi et le samedi : on leur donnait de la morue, mais quand celle-ci était chère, comme en 1712, ils n'avaient que du fromage, du beurre et des sardines. On embarquait aussi du vin, du cidre et de l'hydromel ; l'eau-de-vie n'était pas oubliée, il fallait bien « donner du cœur » aux hommes, quand on se préparait à l'abordage ; l'eau était ou plutôt devenait de mauvaise qualité ; mal conservée dans des barriques usagées, elle se corrompait rapidement ; aussi les coliques (*dysenterie*) et les mauvaises fièvres (*typhoïde*) étaient-elles fréquentes ; l'abus du sel engendrait aussi le scorbut ; la gale était très répandue.

L'habillement des Corsaires était celui des simples matelots du commerce ; il ne ressemblait en rien à celui dont le roman, la fausse histoire, la gravure et le cinéma affublent *les tigres de la mer*. Voici l'inventaire d'un marin, embarqué sur *le Courrier de la Manche*, faisant la Course en février 1806 : un sac, une paire de souliers, deux gilets, deux paires de bas de laine, trois vieilles chemises, un caleçon, une mauvaise culotte, deux serre-tête, un pantalon bleu, un demi mouchoir d'indienne ».

Nous voilà loin des vêtements somptueux contenus dans *le coffre* (la malle des marins) de Guillaume Pépin Broussardière, corsaire, décédé à Saint-Malo en février 1558, d'après le registre d'audience de l'époque : « Une casaque de camelot noire fourrée de panne noire, une cape de drap noir bordée de velours par dehors et de satin dedans ; un manteau de drap tannin ; une casaque de taffetas noir, une grande robe noire, bordée de velours, une paire de chausses rouges découpées, un collet de cuir maroquin ».

Il est probable que cet élégant et riche Corsaire du XVI⁰ siècle ne montait pas souvent à l'abordage...

Le principal théâtre ou plutôt le champ de course des Corsaires de Saint-Malo, notamment à la fin du XVIII⁰ siècle et au début du XIX⁰, était, on s'en doute bien, la Mer de la Manche. Dissimulés dans les innombrables havres, criques, estuaires et bancs de la côte septentrionale bretonne, les Corsaires tombaient à l'improviste sur les navires ennemis ; quantité de prises furent faites sur les côtes d'Islande, dans le canal de Saint-Georges et dans celui de Bristol. Presque toutes les sorties des Corsaires malouins, (période révolutionnaire et impériale), se font de Bréhat ou de l'Aber Wrac'h. Ils remontent vers Plymouth, guettent l'entrée de la Manche, patrouillent vers l'est, mais ne dépassent guère la Hague (Cherbourg). Ceux qui s'attaquent aux retours d'Amérique croisent devant Cork ; dans le sud ils ne dépassent jamais Belle-Ile. Chaque capitaine a son point de croisière préféré. Sur le littoral breton les côtes le plus souvent citées, au large desquelles les Corsaires attaquent, sont les

Ebihens (Saint-Jacut de la Mer), le cap Fréhel, Bréhat, Tréguier, les Sept Iles, Morlaix, Roscoff, l'île de Batz, Ouessant, Molène, Brest, l'Iroise et Belle-Ile ; il y a aussi des engagements, l'été surtout, autour des îles anglo-normandes : Jersey, Guernesey, Serck, Aurigny, les Casquets et Chausey. Ces parages sont fréquentés par les petits Corsaires, tandis que les grands remontent jusqu'à la côte anglaise, Start Point, Land's End, la baie de Plymouth et les Sorlingues.

Les Corsaires avaient-ils des *couleurs* particulières ? On l'a prétendu, on le prétend encore ; mais de preuves point. Il faut considérer comme fantaisiste le pavillon malouin, bleu, croisé de blanc aux armes de la ville. Les plus anciennes ordonnances interdisaient aux capitaines d'avoir un pavillon autre que le pavillon royal. Il y avait bien, sur les vaisseaux de ligne, des pavillons de commandement ; mais les Corsaires en usaient-ils ? On a parlé aussi d'un pavillon, dit de *Sans Quartier*, où figuraient trois têtes de mort ; ce sinistre emblème paraît avoir été en usage à l'époque de la piraterie sur l'Atlantique ; il n'a rien à voir avec la Course.

Dès le début de sa croisière, surtout dans des parages sillonnés de navires, le Corsaire rencontrait des bâtiments de commerce portant le pavillon d'un pays neutre. Ce bâtiment devait s'arrêter au premier coup de *semonce* et subir une visite. Un officier et plusieurs hommes montaient à bord, faisaient une perquisition pour s'assurer si le navire ne portait pas de la contrebande de guerre ; on examinait le rôle d'équipage, le permis de naviguer, les connaissements et le journal du bord. Des incidents, extrêmement nombreux, éclataient au cours de ces visites ; des capitaines zélés et maladroits abusaient de ces perquisitions que les sévérités du Blocus Continental rendaient odieuses aux neutres.

Enfin, on découvre un navire ennemi... Généralement, l'engagement commençait à distance par un échange de coups de canon. Ce serait ici qu'il conviendrait de décrire l'abordage, le fameux abordage, grappins, ponts volants, boulets ramés, haches, espingoles, anspects, biscaïens, porte-voix, le sang qui jaillit de toutes parts, les cervelles qui volent en éclats, les commandements chargés de jurons, les bénédictions de l'aumônier, les vieux gabiers fumant leurs pipes sous une grêle de balles, *tout cela est littérature, fait de chic* et très impressionnant sur l'écran ou mimé dans une conférence. Combien sont plus émouvants les rapports de mer ! Ils nous apprennent des choses intéressantes sur le camouflage des navires. On construisit un

jour, un bâtiment dont l'allure débonnaire
était bien faite pour inspirer la quiétude aux
Anglais. C'était, par sa forme, un gros et
lourd charbonnier. S'étant approché d'un
anglais qu'il croyait bien être un congénère
et qui lui ressemblait comme un frère, le
français s'aperçut bientôt que l'*Anglische*
était aussi un *faux frère.* L'ennemi ayant
démasqué une triple rangée de canons, le Corsaire, qui n'en avait qu'une à son service,
amena son pavillon.

On sera peut-être étonné d'apprendre que
les combats étaient plutôt rares entre Corsaires. « *Sur cent prises*, dit M. Bourde de
la Rogerie, *Intr. Archiv. Dép. Finistère*, III, p. 4
XXXVII, *on pourrait à peine citer une qui ait
donné lieu à un véritable combat.* » Le Corsaire
attaquait très rarement les Corsaires : « On
n'a rien à gagner avec les barils de poudre »,
disait l'équipage. Qu'on se souvienne aussi
des vers de La Fontaine, imités de Régnier.

> *Corsaires à Corsaires*
> *L'un l'autre s'attaquant ne font pas leurs affaires.*

Les armateurs recommandaient bien à
leurs capitaines d'éviter les *marchands de boulets,* ces bâtiments ne contenant aucune cargaison de valeur : « Sur près de 2.000 dossiers
de prises que j'ai étudiées, écrit le docteur
Corre, je ne pourrais tirer l'exposé véridique

de plus d'une cinquantaine de combats dignes de ce nom, livrés par des Corsaires, Duguay-Trouin et quelques rares émules du hardi Corsaire exceptés (CORRE, *Armateurs et Marins bretons d'autrefois.* REVUE DE BRETAGNE, DE VENDÉE ET d'ANJOU, 1897, Ire et IIe série).

En général, le navire, qui se sentait le plus faible, se laissait prendre par l'autre ; le navire capturé était conduit au port le plus voisin, non pas toujours par son vainqueur, mais par un autre navire chargé d'amener la prise à un endroit déterminé. Il arrivait aussi que le bâtiment pris pouvait se libérer au moyen d'une *rançon* ; l'administration de la Marine exigeait, avant la délivrance de la lettre de marque, que l'armateur, s'il l'entendait ainsi, donnât par écrit au capitaine le pouvoir de *rançonner.*

Dès que le navire était capturé, l'écrivain, sorte de commissaire de marine, se transportait à bord. Les écrivains avaient été créés par une ordonnance de 1543, complétée par un règlement de l'Amirauté du 20 avril 1697, prescrivant « sur tous les vaisseaux armés en Course, l'établissement d'officiers écrivains chargés, quand une prise était faite, de faire l'inventaire des papiers du bord et de sceller les écoutilles ». L'apposition du sceau du roi avait pour objet d'empêcher tout détournement, prescription très sage en théorie ; mais,

en pratique, on faisait sortir par les issues
tout ce qu'on voulait dérober de la cargaison.
En 1695, l'Administration constatait « que les
officiers des vaisseaux preneurs ne manquaient jamais de détourner les effets les
plus précieux qui se trouvaient dans les
prises ». On râflait, surtout, les matières d'or
et d'argent. Un arrêt du Conseil de la Cour
des Monnaies du 1ᵉʳ février 1746 ordonnait
que les matières d'or et d'argent, trouvées
sur les prises, seraient portées aux Hôtels
des Monnaies, la valeur devant être rendue, ensuite, au tarif établi (*Amirauté Morlaix*, 4.174). Même à terre, on ne se gêne pas.
Dufougeray ayant appris que le gouverneur
des Iles Néerlandaises avait une superbe collection de cartes de l'Extrême-Orient, réussit
à trouver le secret de les faire enlever du
cabinet du Gouverneur (ESNOUL LE SÉNÉ-
CHAL : *Deux Découvreurs Malouins*, 1912, p. 75).
Les liquides, notamment l'eau-de-vie et le
rhum, se volatilisaient avec rapidité et les
équipages ainsi que l'état-major *chipaient* tout
ce qu'ils pouvaient avant l'inventaire (*Lettre
de l'Amirauté de France*, 17 juin 1695). C'est
précisément ce procédé que flétrirent les
théologiens, quand ils furent consultés sur
la légitimité de la Course.

Dès que le Corsaire avait amené le navire
capturé dans un port français, il devait

remettre aux autorités de l'Amirauté les papiers du bord ainsi que les prisonniers et faire un rapport détaillé sur sa prise. En principe et au début, le droit de juger si la capture était conforme aux règlements appartenait à l'Amiral de France ; dans certains cas, les sièges particuliers de l'Amirauté avaient qualité pour déclarer bonnes les dites prises ; mais il faut se rappeler que *le Conseil des Prises* étaient beaucoup moins une cour de justice qu'un conseil du Prince, responsable et chef de la guerre. Aussi ce tribunal rendait-il, parfois, de singuliers arrêts. Il est vrai que les juges étaient souvent singulièrement trompés. « Les armateurs ne reculent devant aucun pot de vin pour obtenir une déposition favorable ». (Pièces Justificatives 42 dans ABBÉ ROBIDOU, *Les derniers Corsaires malouins*). Un navire américain, appartenant à un neutre et dont le chargement était estimé un million, fut déclaré de bonne prise, parce que l'écrivain avait trouvé à bord *un vieux tapis de fabrication anglaise* ; par contre le Tribunal des Prises ordonna, le 15 juin 1811, la restitution de 54 cuillères d'argent saisies dans la cabine de M. William Ally, notable anglais, qui se rendait, sur un neutre, à Lisbonne. Le Corsaire prétendait que cette argenterie devait être assimilée à une pacotille de contrebande ! Le 15 pluviose an IV, le ministre de la Marine invitait aussi un armateur peu délicat à remettre au naturaliste anglais, Spillard, les collections scientifiques dont il avait été dépouillé par les Corsaires. (*Code des Prises*, III, 335). Les Malouins se dépouillaient même entre eux. M. du Vallion n'hésita pas, un jour, à *priver* M. Buisson de la Vigne d'une épée à manche d'argent (*Arch. Saint-Malo*, G. G. 147).

Bien que la procédure de liquidation des prises fût assez expéditive, de nombreuses affaires demeuraient parfois longtemps en suspens ; quant au principe qui attribuait à l'équipage un tiers et à l'armateur et aux intéressés les deux tiers du produit de la croisière, il y était souvent dérogé. Malgré le caractère aléatoire de la Course, on peut dire que presque tous les armateurs des ports bretons s'en occupèrent, *la Course étant pour eux une opération commerciale*. M. Vignols a dit d'une façon générale : « *La Course est une question de dividende* ». Dresser un état complet des navires capturés, rien que pour les Corsaires bretons, serait un travail considérable. Voici, pour les ports de Saint-Malo et de Saint-Servan seulement, le nombre des navires capturés par année. Ces chiffres n'ont rien de définitif ; ils pourront être modifiés et les années complétées, quand les documents relatifs à la Course auront été inventoriés et classés aux Archives Municipales de Saint-Malo.

Années	Nombre de navires	Années	Nombre de navires
1688	6	1689	30
1690	43	1691	56
1692	73	1693	41
1694	32	1695	27
1696	23	1697	60
1699	1	1700	10
1702	20	1703	42
1704	68	1705	40
1706	30	1707	30
1708	40	1709	14
1710	24	1711	12
1712	16	1713	22
1714	23	1746	15
1747	27	1748	12
1749	2	1757	26
1758	10	1759	2
1760	17	1761	8
1762	8	1778	2
1779	4	1780	11
1781	4	1782	8
1783	1	1803	10
1804	6	1805	8
1806	16	1807	19
1808	17	1809	16
1810	21	1811	18
1812	13	1819	12

La sortie des Corsaires, surtout quand ceux-ci opéraient dans la Manche et dans l'Atlantique, au large des côtes finistériennes, était, le plus souvent, de courte durée. Si un navire armé en Course était plus d'un mois sans donner de ses nouvelles, on se montrait anxieux sur son sort ; on apprenait parfois que le navire était en relâche dans un port ; c'est une éventualité qui se produit fréquemment ; la durée des relâches était parfois égale, sinon supérieure à celle du temps réellement consacré à la Course et cela au grand déplaisir des armateurs, dont les navires représentaient alors un capital improductif ; les capitaines profitaient de ces relâches pour réparer les avaries et pour rechercher les déserteurs du bord. Les désertions étaient, d'ailleurs, fréquentes ; de nombreux matelots découragés, exposés à de nombreux périls, mal nourris, privés de leur salaire sous le prétexte qu'étant à bord ils n'avaient besoin de rien, disparaissaient au premier port de relâche ; ceux qui rentraient au port d'armement renonçaient aussi, bien souvent, à tenter de nouveau la fortune. Ils attendront longtemps le règlement définitif de leur part. Les plus nécessiteux obtiennent difficilement des avances.

Une fois le navire rentré à Saint-Malo ou à Saint-Servan, en *belle grève* ou à Solidor, il ne restait plus à son bord que cinq ou six marins — et encore, — chargés de son gardiennage ; par précaution les poudres étaient déposées soit au fort de la Cité, soit à la poudrière du Talard.

Envisagée, au point de vue commercial, comme elle l'était d'ailleurs par ceux qui la pratiquaient, la Course, notamment à partir de la Révolution, était soumise au contrôle de l'Etat. Avant l'an VI, on hésitait sur le point de savoir si l'examen, l'épuration et le règlement des liquidations étaient de la compétence du Juge de Paix ou du Tribunal du Commerce. La loi du 25 ventôse an VII attribua uniquement cette compétence au tribunal de commerce ; il devait suivre en principe les prescriptions de l'Ordonnance du 24 juin 1778.

Quand une prise était faite, le premier soin du capitaine était d'avertir l'armateur et de le renseigner sur la valeur du navire et de sa cargaison. La nouvelle était transmise ou par les sémaphores de la côte (à partir des premières années du XIXe siècle), ou par lettre remise de navire à navire ; quelquefois, le navire rentrait lui-même au port avec sa prise. On prétend que les armateurs malouins guettaient l'arrivée de leurs bateaux sur la *Tour de la Découvrance*, au-dessus de la petite poterne des Bés. Chaque prise faisait l'objet d'une liquidation particulière comprenant quatre opérations : l'instruction, le jugement,

la vente du navire et de sa cargaison, le règlement des parts des prises. L'instruction consistait dans l'apposition des scellés, dans la
réception des rapports, dans l'audition des
témoins et, le cas échéant, des prisonniers et
dans l'inventaire. Le jugement est rendu par
le tribunal de commerce. Les garanties d'im-
partialité font souvent défaut et les lenteurs
de la procédure sont telles que les capturés,
les plus sûrs de leurs droits, préfèrent souvent, au procès, des transactions onéreuses.
Cambacérès, ministre de la Justice, cité par
CARETTE, *Collection des Lois Annotées*, p. 954,
écrit : « La Course était devenue un brigan-
dage, parce que les lois qui lui étaient appli-
quées étaient insuffisantes et mauvaises. Un
arrêté du 6 germinal an VIII modifie heureusement la législation antérieure par la création de la Commission des Ports et du Conseil
des Prises. Celui-ci siégeait à Paris et avait
seulement à se prononcer, sur les trois cas
suivants :

1° Lorsque l'instruction n'a pas démontré
avec évidence le caractère ennemi du bâtiment ;   .

2° Lorsqu'il y a réclamation de l'une des
parties dans les dix jours qui suivent l'instruction ;

3° Lorsque la commission des Ports n'a

pas prononcé la validité de la capture.

Le sort des marchandises composant la cargaison de navire capturé est différente. En 1793, le gouvernement réquisitionna toutes les denrées ; elles lui étaient nécessaires pour l'armée ; il en est de même en l'an VII ; en juin 1808, Napoléon autorise, exceptionnellement, l'introduction de certaines marchandises anglaises, même manufacturées, provenant des prises. Les marchandises, mises en magasin, sont inventoriées et estimées contradictoirement avec des agents de l'État ; mais la vente produit des surprises ; exemple : la cargaison du *Paxtown*, (1806), évaluée 450.000 fr., produit 160.000 ; celle de *L'Esther* (1807), évaluée 600.000, produit 119.000, celle du *Four Brothers* 1.500.000, produit 411.800. A Saint-Malo, les ventes se font au Ravelin de la Grande Porte. Il arrive, souvent, que les armateurs sont eux-mêmes les principaux acheteurs ; ils font ainsi des bénéfices qui augmentent ceux de la Course ; ils en sont quittes, pour éloigner les amateurs, à leur verser des sommes d'argent qui varient suivant l'importance des marchandises.

On possède quelques procès-verbaux de ces ventes *à l'éteinte*, (bougie), notamment de marchandises prises en Course. Voici, d'après les indications fournies par M. Vignols, l'état détaillé des marchandises qui composaient la cargaison de *L'Ann* (Vente de juin 1811) :

Sucre, 62 lots de 50 kilogs ; vendus 150 à 170 fr ; quelques rares lots de 172 à 178.

Café non avarié, 53 lots de 50 kilogs, 100 à 133 fr.

Café avarié, 17 lots de 50 kilogs 202 à 242.

Piment de la Jamaïque, 12 lots de 50 kilogs, 112 fr.

Mercure, 8 lots de 50 kilogs. 222-224 fr.

Rhum, 18 lots de 8 litres chacun 22, 27 fr.

Madère, 2 lots de 1 litre 3 fr.

Cochenille, 18 lots de 1/2 kg. chacun 17, 23 fr.

Campêche, 7 lots de 100 kilogs 17, 50, 23 fr.

Fussoc (bois de teinture jaune) 2 lots de 100 kilogs à 33 fr.

Acajou, 6 lots de 100 kilogs 30 à 48, 50.

Ecaille, 2 lots de 1 kilog 52 fr. chacun.

Huile de ricin, 6 bouteilles 5 fr. 10.

Sauf un Nantais et un Lorientais, tous les acquéreurs étaient Malouins ; les lots avariés étaient, le plus souvent, bien poussés ; on pouvait réaliser sur eux de jolis bénéfices, quand la marchandise était bien *retapée*, par le consommateur ignorant ou naïf. C'est ainsi qu'un armateur gagna une grosse somme en achetant tout le cacao avarié par l'eau de mer que rapportait *Le Breilhac*, naufragé sous Dinard et qui revenait d'Amérique ; le cacao fut vendu à un négociant de

Nantes qui l'expédia, sans doute, comme *extra* à Madrid ; il fut, paraît-il, très apprécié à la cour d'Espagne.

On procédait aussi, toujours au ravelin et à l'*éteinte*, à la vente du navire.

Le règlement des parts de prises était spécial à chaque bâtiment capturé, le nombre des marins pouvant varier d'une course à l'autre. Une loi du 2 prairial an XI, consacrant ce qui avait lieu jusqu'alors, accorde au capitaine 12 parts, au second 10, aux deux premiers lieutenants 8, au premier maître à l'écrivain 6, aux enseignes, au chirurgien 4, aux pilotes, contre-maîtres, charpentiers 3, aux seconds canonniers, voiliers, etc. 2 ; aux volontaires 2, aux matelots 1 part ou 1 part et demie, aux novices 1 demi-part ou trois quarts, aux mousses un quart ou une demi-part, suivant leurs services et leurs capacités.

Le tiers du produit net des prises revient à l'équipage du Corsaire ; la *Caisse des Invalides* prélève un décime du franc. Il est impossible de déterminer d'une façon précise les bénéfices laissés par la Course aux équipages et à leur état major ; un capitaine touchait parfois 10.000 ; le chirurgien Broussais reçut 14.000 fr. pour vingt cinq jours à la mer, Angenard, lieutenant de *La Miquelonnaise*, gagne 34.000 fr. pour le même temps. Les parts de l'équipage sont maigres : 300, 400 fr. Ce qui tente le marin, c'est l'aléa du gain. C'était aussi, d'après un auteur, *un triste expédient en temps de détresse.*

Il semble que les campagnes les plus productives pour les armateurs furent celles qui sont comprises entre 1806 et 1814 ; le bénéfice net du *Marsouin* (armateur Robert Surcouf) fut de 280.000 fr., celui de *l'Incomparable* (Fontan) de 1.032.211 fr. du *Saint Joseph* (Thomas) 1.120.219 fr., de *La Confiance* (J. Gautier) 526.164 ; du *Jean Bart* (Delorme Villedaulé 563.778 ; de *L'Auguste* (Godfroy) 831.856 ; de *La Junon* (Thomazeau) 678.491, de *La Miquelonnaise* (Fauchon) 532.374.

M. E. Robidou qui, pour sa thèse sur *Les derniers Corsaires malouins*, a étudié de très près, avec beaucoup de soin et de loyauté, la Course, à Saint-Malo, d'après les registres de la liquidation des Prises, déposés au Tribunal de Commerce de cette ville estime le bénéfice total des commerçants malouins pendant la période 1806 à 1814, à la somme de 15 à 20 millions.

A propos de la richesse des armateurs de Saint-Malo, Napoléon Gallois raconte l'anecdote suivante : « Les deux grands armateurs Thomazeau et Surcouf, causaient, un jour ensemble, quand le premier demanda au second, à brûle-pourpoint :

— « Combien la Course t'a-t-elle rapporté ? »

— « De six à sept millions ».

— « Ah ! mes armements m'en ont donné jusqu'ici plus de dix ».

— « Alors je vais reprendre la mer et ne reviendrai que le jour où ma fortune égalera au moins la tienne ».

C'est à la suite de cette conversation que Robert Surcouf *aurait* fait construire *Le Revenant*.

Il ne faudrait pas, cependant, exagérer les gains des armateurs ; tous étaient loin de faire fortune ; la coque du navire n'était pas la grosse dépense, mais bien les frais d'armement. Les archives du Tribunal de Commerce de Saint-Malo nous apprennent que pour un navire de petit tonnage, par exemple *Le Spéculateur*, construit en 1806, les frais d'armement s'élevèrent à 60.225 livres, ceux de *La Miquelonnaise* à 289.435 ; aussi les armateurs essayaient-ils, au moment de la liquidation définitive, à faire réduire les parts qui avaient été déterminées, lors de la première liquidation. On *rognait* tel matelot, parce qu'il était « ivrogne et insubordonné », tel autre, parce qu'il avait été paresseux et lâche ; les officiers étaient aussi réduits ; le fameux Joseph Pradère Niquet, auquel on attribue l'invention de la fricassée des piastres, reçut en octobre 1801, pour tout bien et tout potage, après la campagne du *Renard*, la modeste somme de 1.149 fr. 83 ; le pilote et le maître d'équipage furent réduits dans la même proportion.

Les armateurs avaient également des indemnités à payer à divers ayants droit ; ils accordaient ainsi des gratifications aux veuves et aux héritiers des hommes tués ou disparus, sans compter les versements à la Caisse des Invalides de la Marine. M. L. Vignols, dans sa substantielle étude sur *La Course Maritime*, démontre, chiffres en mains, que le produit du Corsaire *la Junon*, (805.309, livres) s'éleva à la somme de 538, 542 ; mais les opérations de ce genre étaient rares. Il estime, cependant, le bénéfice total des commerçants malouins armateurs ou actionnaires, en vingt années ou presque à une somme entre 15 et 20 millions.

Nous sommes loin des cinquantaines et même des centaines de millions rapportés des Indes Orientales et Occidentales à la fin du règne de Louis XIV !

Il est impossible de déterminer le montant des prises des corsaires malouins aux différentes époques de la Course ; quelques auteurs estiment que Duguay-Trouin captura à lui seul, de 1689 à 1709, 300 navires anglais et 20 vaisseaux de guerre ennemis et les autres Corsaires de Saint-Malo ; de 1688 à 1698, 3800 bâtiments de commerce et 302 vaisseaux de guerre. *Cette évaluation n'est pas sérieuse* ; l'exagération est flagrante ; qu'on veuille bien se rapporter à la petite statistique qui figure ci-dessus ; malgré ses lacunes, elle donne d'utiles indications ; mais un fait est certain, la flotte malouine fit un tort immense à l'Angleterre.

Si la Course était, avant tout, une opération commerciale, il ne faut pas oublier que, souvent, il y avait des liquidations désastreuses et des faillites. Les actions des Corsaires étaient un placement des plus aléatoires ; les gros négociants baillaient bien des sommes considérables à ceux qui armaient en Course, mais il suffisait d'une rencontre malheureuse pour être ruiné. Les liquidations étaient longues, difficiles ; les renseignements donnés étaient sujets à caution ; les frais d'armement, la valeur et le nombre des parts souscrites, les dépenses pendant la croisière étaient souvent erronées ou falsifiées. Les *assurances* étaient une lourde charge, en raison de l'insécurité des mers, les primes s'élevaient parfois jusqu'à 30 pour cent. Aussi les bénéfices étaient-ils extrêmement variables ; ceux de l'expédition de Duguay-Trouin à Rio de Janeiro s'élevèrent à 192 livres pour 100 livres engagées. On trouve traces de nombreuses faillites dans les Archives du Commerce Maritime. Un arma-

teur, poursuivi par la malchance, s'écriait :
« J'ai le guignon ; mes intérêts sont flam-
bés. » (*Arch. Amirauté Morlaix*, B. 4645).

La déclaration de guerre du 30 janvier 1793
trouva les Malouins prêts pour la Course ;
plusieurs navires sortirent du port, *Le
Malouin*, capitaine Durubbe, *La Jeune Emilie*,
armateurs Dupuy Fromy, *Le Furet*, *La Ré-
publicaine*, *Le Duguay-Trouin*, *Les Deux Frères*.
Le 6 floréal an II (25 avril 1794), Le Carpen-
tier, représentant du peuple, signalait de
Saint-Malo ou plutôt de Port-Malo au Président de la Commission Nationale, le succès
des Malouins : « C'est bien dommage, disait-
il, que Pitt soit tant occupé à souffler aux
yeux du peuple ses globules phosphoriques ;
il devrait bien donner aux Anglais lecture
des listes des prises faites par nos vaisseaux ; »
les succès devaient se continuer. *L'Espérance*,
La Flore, *L'Amitié*, *La Minerve*, *La Delphine*, *Le
Tartare*, etc., etc., se signalent par leurs hauts
faits ; aussi les Archives Maritimes con-
servent-elles religieusement les noms de Ca-
pel, Dufranc, Legué, Boishamon, Guillemin,
Pierre Dupont, Cochet, Arondel, Debon, Michel Garnier, Gonidec, Lemème, Lenouvel,
Leroux, Pottier, Rosse et vingt, — j'allais
écrire cent autres. Robert Surcouf les domine
et, chose extraordinaire, son nom n'est
même pas prononcé dans le *Moniteur* du

temps, quand cette feuille officielle apprend à ses lecteurs que le Corsaire *Le Modeste*, appelé ainsi *l'Antilope*, ramène le 25 mars 1796 toutes ses prises faites dans *le Bengale*, dont *le Triton*, vaisseau de la Compagnie des Indes. « Quel désespérant laconisme, dit M. Napoléon Gallois ! ». Aujourd'hui ces plaintes ne sont plus de saison et Robert Surcouf, né à Saint-Malo le 12 décembre 1773, a été l'objet de plusieurs études particulières ; on y trouve d'intéressants détails sur ses relations avec Napoléon. Il semble bien qu'il suggéra à l'Empereur l'idée de transformer en Corsaires tous les vaisseaux de l'Etat ; mais Napoléon était très fâcheusement impressionné par le nombre *énorme* des matelots français capturés à bord des Corsaires et qui étaient prisonniers en Angleterre ; de 1793 à 1813, on comptait 8.725 prisonniers français pour, de 1806 à 1813, 1.819 anglais. Les Corsaires malouins capturés de 1793 à 1813 étaient nombreux. Ils étaient si nombreux qu'un arrêté du 9 thermidor an V (27 juillet 1797) leur permit de *neutraliser* leurs vaisseaux. Beaucoup de navires marchands quittèrent le port de Saint-Malo en 1800 et en 1801, sous pavillon prussien. (Lettre de Decrès à Cafarelli, préfet maritime à Brest, du 21 vendémiaire an X (13 octobre 1801) : *Arch. Saint-Servan*). Les Anglais en prirent 11, en 1793, 5, en l'an IV,

15 en l'an V, 9 en l'an VI, 8 en l'an VII, 7 en l'an VIII, 12 en l'an IX, 7 en l'an XI, 1 en l'an XII, 1 en l'an XIII, 1 en l'an XIV, 5 en 1806, 15 en 1807, 6 en 1808, 13 en 1809, 12 en 1810, 5 en 1811, 10 en 1812, 3 en 1813 ; au total 144 navires français pour le seul port de Saint-Malo. Près de 9.000 marins prisonniers encombraient les fameux pontons de Portsmouth et de Plymouth ou bien les dépôts de Waltham, Stapleton Chatam, Falmouth, Dartmoor, Harlesford, Tawistock, Norman Cross et Perth en Ecosse. Quelques-uns correspondaient en vers avec leurs amis de France. J'ai vu, à Saint-Servan, un dessin colorié, fait de pailles polychromes et fabriqué par un prisonnier ; au verso était l'inscription suivante :

> *Rappelez-vous encore*
> *Que votre ami sincère*
> *Est à bord du Guidford ;*
> *Il pleure et gémit*
> *Sur le sort de ses frères ;*
> *Pensez toujours à lui*
> *Et tirez-le d'Angleterre.*

L'intention est excellente, mais, vraiment, la forme laisse un peu à désirer !

En ce qui concerne le nombre des prisonniers de 1793 à 1813, la France perdit 8.700 hommes en chiffres ronds et les Anglais 1.800. Cette différence avait frappé

Napoléon et l'avait indisposé contre la Course *qui lui mangeait des hommes sans profit.*

Il résulte des documents officiels, conservés aux *Archives Maritimes de Saint-Malo (Tribunal de Commerce et Hôtel de Ville*), que de 1802 à 1813, les ports de Saint-Malo et de Saint-Servan armèrent environ 150 navires corsaires, comprenant un effectif de 9.400 officiers et matelots. L'arsenal de Saint-Servan, qui s'accrut des *Corbières* achetées 1.287 fr. à Mlle de la Grassinais, et qui furent, en octobre 1803, entourées d'un mur, montra aux premiers temps de l'Empire une grande activité; on y construisit les frégates *Le Piémontais*, *La Sultane*, *La Bellone* et les corvettes *Espiègle* et *Audacieuse*, ainsi que plusieurs canonnières. Ces chiffres, cités par M. L. BENAËRTS, dans sa substantielle étude *Saint-Malo, pendant le Consulat et l'Empire (Annales de Bretagne,* avril 1899, XIV, 3) concordent bien avec les tableaux que l'Empereur avait ordonné de dresser pour qu'il se rendît compte de l'importance de la Course. L'ennemi, durant cette période, perdit 180 navires, mais 65 bâtiments malouins furent capturés par les Anglais, qui firent près de 3.500 prisonniers : « Les deux villes, dit M. Benaërts, prirent donc leur part de la grande ambition napoléonienne : l'abaissement de l'Angleterre. Le patriotisme et les intérêts commerciaux

de leurs habitants y trouvaient une égale
satisfaction. Tout ce passé glorieux ne revit-
il pas facilement en notre esprit, quand
on vient de la haute mer vers la côte française et qu'on voit, peu à peu, surgir au-dessus des flots les petites îles et les barrières de
rochers d'une teinte sombre sous le ciel tour
à tour azuré et brumeux par les sautes
brusques des vents ?... De là sont partis tous
ces hardis Corsaires dont nous pouvons ins-
crire les noms après celui de Duguay-Trouin,
sur le livre d'or de la Course Malouine, qui
fut une admirable école de marins ».

Mais, dans son ensemble, la Course ne fut
pas favorable au pays, surtout aux matelots ; les gains annuels de ceux-ci ne dépas-
saient guère 800 frs. M. E. Robidou dit même
700 frs. ; le profit réel des commerçants
malouins atteignit au maximum, pendant
vingt ans, 15 à 18 millions ; *les Invalides de
la Marine*, qui avaient droit au sou du
franc (0.10 c.), encaissèrent 2 millions. Ces
bénéfices, plutôt médiocres, étaient, d'ailleurs, chèrement payés ; sans compter les
morts et les blessés, plus de 8.000 captifs
souffrirent dans les prisons anglaises et sur les
pontons de sinistre mémoire. Seuls, quelques
armateurs, plus adroits, plus chanceux que
les autres, trouvèrent la fortune dans la
Course ; mais celle qui se pratiqua sous la

République et le Premier Empire ne saurait se comparer à la Course du temps de Louis XIV. Les profits de celle-ci étaient bien supérieurs. En 1704, il entra à Saint-Malo, 81 prises dont la vente produisit 2.442.050 livres. C'était l'époque où les directeurs de la Compagnie des Indes sollicitaient l'appui, disons le mot, *le secours*, « des Messieurs de Saint-Malo, comme étant les plus considérables négociants du royaume ».

Les Malouins firent courageusement la dernière expérience de la Course ; elle ne fut, comme l'écrit M. Robidou, *que le triste expédient d'un temps de détresse et un jeu de hasard*. Seule, la légende la rendue moins haïssable ; mais *l'impartiale histoire est là* ; elle devrait bien adoucir les regrets de ceux qui ont déploré et même déplorent l'interdiction d'un des articles du Traité de Paris (1856).

Les biographes de Surcouf, qui ont consacré au héros malouin plusieurs pages sur ses dernières années, nous ont rapporté une aventure singulière qui serait survenue, disent-ils, à la fin de *1817*. A la suite d'une discussion que Surcouf aurait eue, dans un café de Saint-Malo, avec des officiers du régiment de Wrangel, qui occupait Dinan (*Septembre 1815*) le Corsaire aurait provoqué ces insolents traîneurs de sabre en un duel dont la Grande Grève aurait été le théâtre. Une toile

de Félix Régamey représente le combat. On
aperçoit même, dans le lointain, la ville de
Saint-Malo, dominée par son clocher à jour,
élevé en *1862* (!) seulement ; le peintre *avance*
un peu, au point de vue monumental, mais
l'historien *retarde* en citant le millésime *1817* ;
il y avait plus de deux ans que les Prussiens
n'occupaient plus la Bretagne ! Croisant successivement le fer avec les dix officiers, Surcouf coupe le poignet au premier, ouvre le
ventre au second, la poitrine au troisième et
blesse plus ou moins grièvement les sept
autres. Par crainte de représailles et d'incidents diplomatiques, l'affaire n'aurait pas été
ébruitée. Il est établi, au contraire, que M. Du-
Petit-Thouars, sous-préfet de Saint-Malo,
avait invité le prussien Wrangel à venir visi-
ter Saint-Malo, l'assurant qu'on serait très ho-
noré de le recevoir (*Arch. dép. d'Ille-et-Vilaine*,
Z. 350). Est-ce une légende, un racontar, un fait
démesurément grossi ? La vérité est qu'on
n'en trouve aucune trace dans les archives
hospitalières de Saint-Malo et que les registres de décès de cette ville et des communes
de Paramé et de Saint-Servan ne mentionnent en 1815 aucun nom d'officier prussien.

En juillet 1827, Surcouf, qui s'occupait
toujours activement des armements de sa
maison, fut pris d'une indisposition subite ;
il habitait alors, à Saint-Malo, le bel hôtel,

dit *Hôtel Beaugeard*, à l'angle de la rue de Dinan et de la rue Saint-Philippe et qui porte aujourd'hui le n° 1. C'est une de ces somptueuses demeures qui furent édifiées, entre 1710 et 1725, à l'époque de la grande prospérité de la ville, dont le commerce *clandestin*, on disait alors *interlope* dans les pièces officielles, avec les colonies espagnoles de la Mer du Sud était considérable ; sur une des cheminées de cet hôtel, on voit encore un petit cadran solaire que l'armateur aurait lui-même établi et qui est connu à Saint-Malo sous le nom de *Cadran de Surcouf*. La légende veut aussi que l'Hôtel Beaugeard renferme un trésor ; il y a, d'ailleurs, à Saint-Malo plusieurs maisons au *trésor caché*. L'origine de cette légende pourrait bien être l'aventure que rapporte M. l'abbé Robidou et qui, est-il besoin de le dire, est de pure fantaisie. Surcouf aurait eu, un jour, l'idée de paver de napoléons le grand salon de son hôtel ; cette pièce mesure 6^m,70 de long sur 6^m,30 de large, sans compter les embrasures. Napoléon averti aurait froncé les sourcils, aurait fait venir Surcouf et lui aurait dit : « Je te défends de me marcher sur la figure ; mais je t'autorise à mettre les pièces sur le côté ». Surcouf aurait trouvé la somme trop forte et aurait renoncé à sa coûteuse fantaisie...

Le peuple est friand de ces anecdotes : il
les retient beaucoup mieux que les récits des
croisières des grands navigateurs ; il se sou-
cie peu de la vérité historique et géogra-
phique. La *Chanson des Marins de Surcouf*, qui
a été reproduite maintes fois par de bons écrivains, ne nous dit-elle pas qu'une frégate d'Angleterre, poursuivie par Surcouf, voulait un
jour se réfugier dans *Breslau* ! Une frégate,
fut-elle commandée par Surcouf en personne,
aller à Breslau, ville de Silésie, en pleine
terre, à plus de 400 kilomètres du rivage de
la Baltique, c'est aller un peu fort et un peu
loin !

° Surcouf, transporté malade à sa propriété
de Riancourt, près la Balue, en Saint-Servan, y mourut le 8 juillet 1827 ; il exprima
sa volonté d'être inhumé à Saint-Malo ; on
fit traverser au cercueil le petit bras de mer
qui sépare les deux villes. « Quatre bateaux,
dit un de ses historiens, occupés par le clergé,
précédaient l'embarcation, tendue de noir ;
il était réservé à ce marin fameux de recevoir
les honneurs funèbres sur l'élément qui fut
le théâtre de ses glorieux exploits ». Son
tombeau se trouve au cimetière de Saint-
Malo presqu'au bord de l'allée transversale
conduisant de la Croix centrale au mur du
Sud. C'est une sépulture de famille, sans
grand caractère ; on y lit aussi des vers qui

ont bien le nombre de pieds voulus ; c'est tout ce qu'on en peut dire.

Les Courses de Surcouf ne furent pas toujours heureuses. Durant la période qui va de l'an XII à 1814, il équipa 15 navires pour la Course : Le *Caroline* (an XII), Le *Confiance* (an XIII), (perte 68.046), Le *Marsouin I*er (an XIV) (perte 18.583), Le *Marsouin II* (1806), Le *Marsouin III* (1807), pris sans avoir fait de prises, Le *Fantôme* (1809), La *Revanche* (1809) pris sans avoir fait de prises, La *Biscayenne* (1810) id., La *Dorade* (1810) id., L'*Auguste* (1810) id., L'*Edouard I*er (1811), La *Ville de Caen* (1812), L'*Edouard Deux* (1812), Le *Renard I*er (1813), désarmé sans avoir fait de prise, L'*Edouard II* (1814) désarmé sans avoir fait de prise.

Il ne faudrait pas, non plus, exagérer le mérite militaire de la Course ; ses succès — et il en est d'incontestables, ses grandes actions — et il s'en trouve de nobles et de splendides, notamment dans la vie de Duguay-Trouin et dans celle de Surcouf, n'ont jamais déterminé la victoire finale, ni obtenu d'importants résultats au point de vue national. « C'est ainsi, dit excellemment M. Léon Vignols, que la Hougue et Trafalgar n'ont pas eu les conséquences historiques d'Oudenarde et de Waterloo ; tandis que Villaviciosa et Denain sauvèrent la France ; les exploits de nos Corsaires et la brillante cam-

pagne de Duguay-Trouin contre Rio de
Janeiro n'eurent pas une influence décisive
sur la paix d'Utrecht et surtout n'empê-
chèrent aucunement les traités de 1713 de
porter une atteinte à notre puissance coloniale ».

Mais si, beaucoup trop souvent, *la Course*
a été, chez le peuple, friand d'exploits anec-
dotiques et d'histoires merveilleuses, enlaidie
ou enjolivée, comme on voudra, il serait
injuste de ne pas rendre à ses incomparables
marins le tribut d'admiration et de gratitude
qu'ils ont si légitimement mérité.

CHAPITRE VII

La Traite des Nègres.

« Une heureuse expérience avait fait connaître, disait un curieux ouvrage *Le Commerce de l'Amérique par Marseille*, publié en 1764, combien les travaux des nègres contribuaient à affermir nos établissements dans les Antilles, combien le commerce des esclaves procurait d'avantages à toutes les nations, sans parler de la conversion des nègres au christianisme ; le prosélytisme se payait au poids de l'or ; aussi une gratification de dix livres était-elle octroyée par le roi pour chaque noir débarqué aux îles françaises d'Amérique et une gratification de 3 livres était-elle remise par la Compagnie au capitaine du navire. Appât séduisant ; *la Traite des nègres devint l'affaire du jour* ; plusieurs Compagnies se présentèrent pour l'exploiter. L'ancienne *Compagnie du Sénégal* réunie à la *Compagnie des Indes Occidentales*, qui avait été précédée dans cette opération par les Hollandais, grands fournisseurs de *bois d'ébène* jusqu'en 1668, fit, en 1664, de mauvaises affaires ; en 1703, un autre contrat de quinze ans fut passé avec une nouvelle compagnie, à charge d'envoyer chaque année 2.000 noirs aux Antilles Françaises. Elle reçut le nom de *Compagnie d'Afrique* ou *Compagnie de Barbarie* ou encore *Compagnie du Bastion de France*. Dès 1702, un marché considérable avait été projeté par la Compagnie du Sénégal avec deux négociants malouins. (A. C. B² 7 1702). Il s'agissait d'une fourniture de nègres presque générale, mais visant surtout les îles françaises. Elle s'adressa aux Malouins dont l'un paraissait déjà fort versé dans les opérations de traite. Mais ces derniers se montrèrent d'une exigence extrême : ils voulaient qu'on leur assurât le monopole de la *traite* de Guinée, moyennant quoi, ils assuraient la mise en service de 10 navires. (Cf. George Scelle, *La Traite négrière*, etc. p. 280-281). En 1707, Pontchartrain entrait aussi en pourparlers avec deux négociants de Saint-Malo, « expérimentés en la matière, afin de faire porter des noirs à Cayenne où l'on manquait de bras ». Mais les Malouins, après avoir étudié l'affaire, la trouvèrent mauvaise ; ils refusèrent, net, les propositions du Ministre (A. C. B² 7). Les progrès de la traite furent tellement rapides que, si l'on évalue, d'après Fossard, à 36.000 le nombre moyen des nègres importés de Guinée et qu'on le multiplie par la somme d'années qui se sont écoulées depuis le commencement de la *traite*, il forme un total de dix millions de têtes. A vrai dire, il semble que ce chiffre soit considérablement exagéré.

Il est bien difficile de fixer, d'une façon précise, la date où débuta *la Traite des Noirs* et de faire connaître, — les textes étant contradictoires, — quels furent les pays d'Europe qui se livrèrent, tout d'abord, à ce honteux trafic. Il semble bien que la *traite* commença vers la fin du XVe siècle. Les navigateurs découvraient, à cette époque, de nouveaux continents ; l'Europe y créait des colonies et les naturels, décimés ou mis en fuite par la conquête, il fallait du personnel pour recomposer la population. Les Anglais, les Hollandais, les Espagnols, les Portugais y prirent part simultanément, pourrait-on dire ; les Portugais s'étaient montrés les plus ardents pour ce genre de commerce. Marins intrépides, excellents colonisateurs, ils prétendaient jouir de tous les avantages du premier occupant sur les côtes de Guinée et réclamaient impérieusement leurs droits sur ce trafic exclusif. Ils eurent, souvent, maille à partir avec les gens de Saint-Malo. Dans leur colonie, la main-d'œuvre faisait défaut ; les indigènes étaient paresseux ; or on savait

par expérience que le travail d'un nègre
valait plus que celui de quatre indigènes
(*Herrera*, II, 28) ; il fallait des travailleurs
pour exploiter les richesses des terres tropi-
cales, où abondaient la canne à sucre, le
café, l'indigo, etc... On ne pouvait songer à
prendre en Europe les ouvriers nécessaires ;
en Afrique, au contraire, *le bétail humain*
abondait ; du centre mystérieux du Conti-
nent Noir jusqu'à la côte occidentale s'ache-
minèrent, bientôt, des troupeaux d'hommes,
de femmes et même d'enfants ; les uns
avaient été achetés à leurs *propriétaires* et
payés avec des lambeaux d'étoffe ou de
grossières verroteries ; d'autres avaient été
capturés au moyen de razzias ; on les conduisait, enchaînés, aux comptoirs de la côte et
de là, on les transportait aux colonies.

Cela paraissait tout naturel.

« On porte des nègres dans toutes les îles
françaises de l'Amérique, dit Savary des
Brûlons ; on va les acheter en Afrique sur les
côtes de Guinée. Ce commerce est d'autant
plus avantageux qu'on ne peut se passer de
nègres dans les dites îles pour travailler aux
sucres, tabacs et autres ouvrages. Il se fait
aussi un commerce assez considérable avec le
Sénégal, où les Français ont une habitation.
A l'égard de la *Traite des nègres*, elle se fait
ordinairement à Ardres, Galbary, Rodet,

Cameronis et autres lieux. Il faut remarquer que ceux d'Ardres sont les meilleurs et ceux de Galbary les moindres. On les transporte, ordinairement, des dits lieux aux îles françaises de l'Amérique, pour les y vendre et échanger contre les sucres, tabacs et autres marchandises qui s'en tirent ; il faut, pour la *Traite des nègres,* des navires depuis 150 jusqu'à 300 tonneaux ».

Cette dernière observation de Savary des Brûlons est conforme à la vérité ; un peu plus tard, on reconnut même qu'il était préférable de faire la *traite* avec de petits navires. Quand un territoire peu étendu fournissait en peu de jours une grande cargaison, on pouvait employer de gros vaisseaux ; mais quand la *traite* devint plus difficile et la marchandise (*lisez* les nègres), plus rare, il fallait, parfois, dans les parages où les Nantais et les Malouins opéraient, un mois pour *traiter* 50 ou 60 nègres. Si ces derniers languissaient sur les rades de Guinée en attendant le complètement de la cargaison, ils tombaient souvent malades : « Ces accidents fâcheux, disaient les armateurs, ne sont pas à craindre quand on *traite* avec un navire de 100 à 150 tonneaux ; il fait peu de séjour à la côte et l'armateur, en dépensant moins, a moins de perte à redouter ». Quels hommes d'affaires admirables (?) ces trafi-

quants du XVII° siècle ! Seuls, les capitaines
étaient opposés à cette pratique, parce que
les grands navires leur procuraient de plus
gros gages et des commissions plus considérables.

Avec quelle prudence aussi n'agissaient-ils
pas ces hommes, qui avaient sur leurs épaules,
le poids du commerce de la toile avec *la Mer
du Sud*, commerce plein de périls, et l'exploi-
tation difficile de la pêche de la morue aux
Terres Neuves, sans compter leurs expéditions
aux Indes Orientales, en Chine et parfois au
Japon ? La *Traite des Noirs* demandait une
préparation plus minutieuse encore ; étant
donnés les frais considérables que l'armateur
devait exposer et surtout les risques à courir,
il devait chercher des associés ; il en trouvait généralement à Paris, à Rennes, à Tours,
à Marseille, et même à Londres. Ce qui l'in-
quiétait surtout, c'était la vente des *retours*,
c'est-à-dire les ventes des marchandises rapportées par les navires. Saint-Malo avait
comme port d'importation peu de débou-
chés. Les cafés, notamment, s'y vendaient
mal. En 1751, une négociante de Nantes a
beaucoup de peine à vendre, pour le compte
d'un armateur malouin, du café à raison de
21 sous la livre ; à Saint-Malo, le café est
encore plus bas ; son port ne présente aucune
ressource comme marché de denrées colo-

niales. Par exception, on citait le cas d'un armateur qui avait vendu *un nègre*, 2000 livres (ce devait être un bien beau nègre), payable non en numéraire, mais par 1800 livres de café ; une hausse subite s'étant produite, il réalisa, du coup, un bénéfice supérieur à 3.200 francs. A cette époque (1773), les nègres *de bonne qualité* (*sic*) se payaient couramment de 1.200 à 1.400 livres ; un négrillon nouveau né valait 150 livres ; quelquefois, de jeunes négrillons de quatre à cinq ans étaient envoyés en France. Les archives conservent les noms de deux d'entre eux, Chanteloup et Versailles, qui avaient été embarqués pour la France à bord du navire *le Duc de Choiseul*. Ce navire s'éventra sur les récifs de l'Ile de Sein, le 1er mars 1778. On destinait ces négrillons précisément à M. le duc de Choiseul et à M. Blouin, chef des bureaux de la Marine à Paris. Ce petit incident méritait d'être signalé : il démontre l'incroyable inconscience avec laquelle on disposait, *comme d'une chose*, de ces pauvres êtres humains, séparés de leurs familles.

On ne se demandait plus, d'ailleurs, comme pour la Course, si la *traite* était légitime ; au début il y eut bien un peu de flottement ; mais les théologiens protestèrent fort peu, si tant est qu'ils protestèrent. On se demandait même si le Christ avait versé son sang pour

ces moricauds ? En un mot, c'était faire une
œuvre pie que de les sortir des ténèbres de
l'ignorance ; on citait même, à propos de
l'esclavage, ce mot de Bossuet : « Abolir
l'esclavage serait condamner le Saint-Esprit,
qui ordonne aux esclaves, par la bouche
même de saint Pierre, de demeurer en leur
état et n'oblige pas les maîtres à les affran-
chir ».

Or les gens de Saint-Malo, comme ceux
de Dieppe, de Honfleur, de Dunkerque, de
Brest et de Nantes étaient de trop bons
chrétiens pour condamner le Saint-Esprit !
Aussi *la traite* fut-elle rapidement organisée
dans la cité des Corsaires. Au commencement du XIXe siècle, on parlait encore
au pays malouin de la *traite* comme d'une
opération commerciale quelconque, avec une
indifférence dénotant la plus parfaite sécurité de conscience. Les nègres n'inspiraient
alors ni horreur ni compassion ; les gens
de la *traite* se serait révoltés, si on avait
soutenu devant eux que le noir était leur
égal, leur frère... (Voir les *Mémoires d'Angenard, 1833*, dans les *Annales de Bretagne*, t. VI,
1890-1891). A l'étranger, les armateurs, non
plus, ne se cachaient nullement de faire ce
métier. M. de Kater, riche négociant d'Amsterdam, anobli, reçut des armoiries qui rap-
pelaient l'origine de sa fortune : de gueules

à un vaisseau d'or, voguant sur une mer de sinople, au chef d'argent, *chargé de trois têtes de nègres de sables*, bandées d'azur et posées de front ». Son origine n'empêcha pas Mlle de Kater d'épouser un marin fameux dans l'histoire.

On arma donc, presque fièvreusement, pour la Guinée (1). Le port de Saint-Malo se considérait comme bien qualifié pour faire le commerce avec la côte d'Afrique : « Nulle part plus que chez nous, disait un négociant de la ville, à la date du 28 mars 1751, il n'y a plus de sécurité et moins de risques pour la traite, parce que nos armements sont meilleurs ». Les Malouins finissent par avoir partout la réputation « de s'y entendre fort bien en matière de *traite* ». En juin 1751, un citoyen de la libre Helvétie, M. Couvreux, de Vevey et un négociant de Lisbonne demandent à des armateurs de Saint-Malo de les intéresser aux opérations de ce genre. Mais

(1) Pour des raisons que les lecteurs sauront apprécier, j'ai jugé inutile de citer les noms des armateurs qui faisaient la traite. On les trouve, d'ailleurs, non seulement dans les documents écrits, conservés dans les Archives Publiques et dans les Inventaires Imprimés, mais encore dans de nombreux ouvrages, notamment dans *L'Almanach Général du Commerce, des marchands, négociants, armateurs de France, de l'Europe et autres parties du Monde*, par GOURNAY.

Bibliothèque Nationale *Gournay* (1788-1789-1790) Cote V, 21538-21539. Voir aussi SAVARY DES BRÛLONS, *Dictionnaire Universel du Commerce*, 5 vol. f° Copenhague 1759-1762.

comme ce commerce marche bien, ceux-ci ne sont guère pressés d'avoir des associés ni même des bailleurs de fonds.

C'était, après celui de la toile, le commerce le plus lucratif, surtout vers 1720. La Compagnie des Indes avait, en effet, succédé aux privilèges de la Compagnie de Guinée, qui possédait le monopole de la *traite* ; elle accordait, fréquemment, des permissions aux commerçants, si bien que ce trafic ne tarda pas à devenir complètement libre.

La permission obtenue, les associés trouvés, il fallait *armer* les navires ; ceux-ci étaient le plus souvent des vaisseaux de 250 à 400 tonneaux ; ils portaient de 30 à 40 canons, car ils avaient à se défendre des pirates et des flibustiers, qui infestaient le Cap Vert, l'Atlantique et la Mer des Antilles. L'armement était moins cher à Saint-Malo qu'ailleurs ; il y avait une différence de prix très sensible avec le Havre et Nantes. Un négociant du Havre se décida, en 1751, à faire construire à Saint-Malo un navire destiné à la Guinée. Il est utile de faire remarquer ici que les négociants du Havre et de Rouen ne se livrèrent effectivement à la *traite* des noirs que dans la seconde moitié du XVIIIᵉ siècle, concurremment avec Saint-Malo, Nantes, La Rochelle, Bordeaux et Marseille. Dans la première moitié de ce siècle, la *traite* était faite, surtout, par les Nantais et les Malouins : « Leurs ports, dit M. Bonassieux, étaient au nombre des privilégiés où l'on armait pour la *traite*. » Triste privilège !

Les correspondances échangées à cette époque entre les armateurs, les négociants et les constructeurs démontrent que les dimensions des navires négriers étaient de plus en plus restreintes ; la plupart avaient une capacité de 200 tonneaux ; leur prix de construction et d'armement ne dépassait pas 30.000 livres. Le type recommandé du négrier était le navire de 10 pieds de cale et de 10 pieds 4 pouces d'entrepont ; on pouvait ainsi embarquer la quantité d'eau *à peu près nécessaire* à l'équipage et aux noirs, à condition d'établir deux rangs d'esclaves à l'entrepont, en y faisant des échafaudages. « Quand on songe, dit M. H. Sée, que chaque bateau transportait plusieurs centaines de nègres, on comprend l'énorme mortalité qui sévissait sur ce bétail humain ! »

Les navires, armés au port d'attache, embarquaient alors les marchandises, l'eau-de-vie, la verroterie, les cotonnades. L'eau-de-vie était achetée dans le Bordelais et la Saintonge. Saint-Malo se procurait en abondance des verroteries ou *razades*, consistant en grains de verre de toutes couleurs, percés pour être enfilés. Il y avait les ambréades rouges, les olivettes citron « les grains rayés, les *margriettes* ou marguerites multicolores ». Contrairement à cette assertion qui veut que les navigateurs et négociants malouins aient été de véritables missionnaires, j'ai le regret d'affirmer que le collier de razades est le seul chapelet qui figure dans la pacotille destinée aux peuples de l'Afrique et d'ailleurs. Les armateurs malouins attachaient une grande importance aux *razades ;* elles devaient être bien assorties : « J'en veux douze coffres de très belles, bien choisies, dit un armateur de cette ville ; il faut aussi qu'elles soient partie jaune, partie corail. Soignez aussi la chaudière de cuivre pour 550 nègres. » La chaudière, bien entendu, n'était pas destinée à faire cuire les noirs, mais bien à faire bouillir leur soupe. Afin de favoriser les préparatifs de la *traite,* on affichait, dans certains ports de mer, en relations avec l'Angola, les prix courants des marchandises les plus recherchées en Afrique en paiement de la chair humaine *(Ms. de la Bibliothèque municipale de Nantes, n° 5944).*

Saint-Malo s'approvisionnait aussi de *cotonnades.* Un navire qui voulait acheter 500 nègres en Guinée, vers le milieu du XVIII° siècle, devait avoir à bord 1.500 pièces de toile, 100 pièces de guinées blanches, 300 pièces de calicot, 2.000 livres de poudre à tirer, 600 livres de chaudrons de cuivre, 1.000 livres de fer en barre et 50 livres de pipes de Hollande (*Walkenaër*, VIII, 296. *Voyage du chevalier Des Marchais en Guinée*). Les cotonnades venaient de Rennes, surtout dans la période qui va de 1745 à 1762. Un gentilhomme breton avait créé à Rennes, en 1742, une manufacture de cotonnades ; elle fut déclarée manufacture royale, c'est-à-dire privilégiée, en 1747. En 1754, elle représentait un capital de 200.000 livres dont 8.400 pour les métiers et 57.345 pour les étoffes en magasin. Elle produisait surtout des étoffes pour la *Traite des nègres*. La guerre de Sept Ans, qui interrompit presqu'entièrement le trafic négrier français, lui porta un coup fatal et la manufacture disparut à peu près complètement en 1764. Les cotonnades de Rennes venaient à Saint-Malo par la voie de terre (22 lieues), concurrençant ainsi celles de Nantes, dont le prix de transport était naturellement plus élevé. C'était vers la côte de Guinée que faisaient voile les navires de Saint-Malo.

Le golfe de Guinée forme la baie de Bénin ; on trouve sur la côte ou tout près de la côte, en descendant vers le Sud, le *Grand Popo*, *Ajuda* ou *Whydah*, *Badagry*, *Lagos*, *Palma*, *Laké*, *Odé*, *Bénin* et *Escardos*. La côte de *Whydah* ou *Juda*, plus particulièrement connue des Malouins, s'étend entre les rivières de Volta

et de Formose ; la *traite* y était particulièrement active. Dans un rayon de cent kilomètres de Whydah, on distinguait d'assez
grands villages, *Allada* (l'ancien *Ardra* ou
Ardres, souvent cité dans les papiers commerciaux du XVII⁰ siècle), *Tolli Godomé, Savia-
Kotonou* et, à deux cents kilomètres au nord-
est, *Abomey*, capitale du Dahomey. *Adjuda* ou
Whydah, Juda pour les Malouins (on sait
qu'un des navires de M. de Chateaubriand,
armateur, père de l'écrivain, se nommait le
roi de Juda), était une ville importante dès
le XVII⁰ siècle, en raison de ses factoreries
européennes, portugaises principalement ;
c'était le grand centre de la *traite* de la Côte
des Esclaves et le nombre d'Européens qui
s'y trouvaient était considérable. Le roi de
Dahomey, qui convoitait, depuis longtemps,
le royaume de Whydah, s'en était emparé en
1727. Les anciens voyageurs prétendent qu'a-
vant la conquête, Whydah avait un aspect
riant et pittoresque ; mais, quand l'armée
victorieuse quitta la ville, ce n'était plus
qu'un monceau de débris. Les Européens la
firent renaître de ses cendres et la forti-
fièrent ; ce ne fut, tout d'abord, qu'un assem-
blage de cases, servant de magasins et de
logements et entourés d'un mur épais ; puis,
lorsque les affaires prospérèrent, on éleva
deux ou trois bastions ; il y eut le bastion

français, le bastion portugais et le bastion anglais. Le bastion français fut construit en 1671, sur l'ordre de Colbert, pour *la Compagnie des Indes* ; cette Compagnie avait demandé au gouvernement français une station pour se procurer les noirs nécessaires à ses colonies. Louis XIV donna l'ordre d'équiper au Havre deux vaisseaux, *la Justice* et *la Concorde*, (noms vraiment étranges pour aller faire la traite !) ; partis le 1ᵉʳ novembre 1669, ils mouillèrent en rade d'Ardres (plage de Porto-Novo), le 5 janvier 1670 ; après plusieurs entretiens avec le roi de Juda, il fut décidé qu'un fort serait construit à Grégoué, nom primitif de Whydah. On se mit à l'œuvre et l'on bâtit un fort comprenant quatre bastions, reliés par des courtines, entouré de fossés profonds avec un pont-levis devant l'entrée ; l'armement se composait de trente canons ; à l'intérieur, quatre corps de logis formaient une grande place d'armes et comprenaient les magasins, les logements pour les officiers de la garnison et la *captiverie* ; on nommait ainsi les magasins à esclaves. Les Européens entretenaient aussi une petite garnison à l'île de Grégoué. Non loin de Whydah existaient plusieurs marchés d'esclaves, notamment à *Epée* et à *Badagry* ; les armateurs français de Saint-Malo et de Nantes, plus particulièrement, y avaient des comptoirs et

surtout des « *parcs pour rafraîchir les noirs* »,
c'est-à-dire pour les remettre un peu de leurs
fatigues et des mauvais traitements endurés
depuis leur départ du pays jusqu'à leur ras-
semblement sur la côte. Badagry était
renommé, comme Whydah, pour la qualité de ses noirs; il y avait aussi des marchés importants à Calbary et à Gaboy; ils
complétaient ceux de *Mayumba*, *Loango* et
Mossoula, plus spécialement fréquentés les
premiers par les Français, les seconds par
les Hollandais, les derniers par les Anglais.
Il fallait se méfier aussi des Portugais. Ils
faisaient aux Malouins et aux Nantais une
concurrence énorme par la poudre d'or, surtout à Juda, où ils commerçaient très habilement. « Les Portugais étaient aussi très
jaloux des *interlopes*, c'est-à-dire des navigateurs « à la découverte » qui faisaient le commerce interlope avec l'Amérique du Sud, sur
la côte du Pacifique (juillet 1724). Quand les
Français furent contraints d'abandonner le
Sénégal aux Anglais, il ne leur resta plus à
la côte de Guinée que les comptoirs de Gorée
et de Whydah et, bientôt, ils furent réduits à
traiter surtout la rivière de Galbar ; enfin —
et ce fut une des causes de la décadence (si
l'on peut dire), de la traite, — il arriva que
les marchandises qui servaient à l'achat des
nègres doublèrent presque de prix ; les arme-

ments devinrent dispendieux, les approvisionnements plus chers et, depuis le capitaine jusqu'au simple matelot, il fallut augmenter les salaires et les primes. Un armateur de Saint-Malo se répandait en plaintes, parce qu'en moins de vingt ans un nègre coûtait « le double de cotonnade ». Les assurances aussi coûtaient fort cher, en raison des risques considérables que couraient les navires. On trouve, à ce sujet, de curieux renseignements dans le *Mémoire d'Emerigon*, avocat des assureurs du brigantin *le comte d'Estaing*, au sujet d'une police relative à la *Traite des nègres* (*M. S. Recueil 55 Minis. Marine* 889, p. 383). On n'était plus au temps où il fallait la puissante intervention de Paris-Duvernay ou du comte de Maurepas, pour obtenir des permissions pour la Guinée. Les Compagnies d'alors, pour renoncer temporairement, en général deux ans, à leur privilège, faisaient payer aux armateurs, qui exploitaient la côte d'Angola, une taxe de 20 livres par tête de nègre. Ils avaient encore un beau bénéfice ; même quand les temps furent plus durs, l'un des armateurs reconnaissait que la *traite* était avantageuse et que, grâce à elle, les négociants de Nantes, de Bordeaux et de la Rochelle pouvaient se tirer d'affaire ; de 1749 à 1754, au moment où le commerce avec l'Amérique Espagnole subissait une crise grave, le commerce des noirs fut très actif. Suivons-le : les navires négriers sont arrivés à la Côte des Esclaves ; ils ont jeté l'ancre le plus près possible du rivage ; ils attendent leur chargement, leur cargaison ! Comment s'opérait le recrutement des esclaves ? Les nombreuses tribus, qui entouraient le Dahomey, étaient souvent en guerre et l'on ne songeait, de part et d'autre, qu'à faire des prisonniers ; le Dahomey et le Yorouba effectuaient, presque chaque année, d'immenses razias et dépeuplaient de vastes régions ; les Européens, intéressés à ces expéditions, les favorisaient, armaient des maraudeurs qui s'introduisaient sans bruit dans les villages, surprenaient les habitants en plein sommeil, rassemblaient les hommes, les femmes et les enfants valides, les emmenaient hors de leurs bourgades et en formaient des convois. Parfois même, les blancs se livraient à ces tristes expéditions ; puis on groupait les prisonniers. Quelquefois aussi on s'emparait des indigènes qui, suivant la coutume, se rendaient sur le navire ancré près du rivage, pour y vendre des fruits ou échanger certains produits du pays contre des objets d'Europe. Dès qu'ils étaient montés à bord, ils étaient garrottés et jetés à fond de cale. « Ces pauvres gens payaient cher leur visite au navire. Tous ceux qu'ils avaient laissés à terre, famille, femmes, enfants, ne devaient plus jamais les revoir. »

Enfin les chefs de certaines tribus et le roi du Dahomey faisaient de l'esclavage une punition : les indigènes coupables, même d'un délit peu grave, étaient remis aux Européens ; le roi de Dahomey ne faisait même pas d'exception pour ses femmes.

Il existait aussi des *courtiers* qui avaient le privilège de la *traite* et qui négociaient directement avec les comptoirs. Dans les grands centres à Whydah, par exemple, la ville était parcourue, chaque matin, par des courtiers nègres, qui demandaient aux négociants, s'il leur était arrivé des esclaves. Dans les comptoirs, où s'approvisionnaient les Nantais et les Malouins, on comptait les *Aradas*, les *Nagos*, les *Fons*, les *Tabous*, les *Eyos*, les *Minahs*, les *Accraëns*, les *Fanfis*, les *Aquamabous* et les *Denkéras*.

Les *Aradas*, indigènes du royaume d'Ardres, étaient très recherchés par les négriers ; ils étaient vigoureux, dévoués, soumis ; les *Nagos* travaillaient bien ; les *Fons* étaient paresseux et voleurs ; les *Tabous* ou *Kroomez* ne valaient rien ; les *Eyos*, durs au travail, avaient la réputation d'exciter leurs camarades à la révolte ; les *Minahs*, intelligents et aptes à tous les métiers, sauf la culture, étaient très demandés ; les *Accraëns*, les *Fantis*, les *Aqua-mabous* et les *Denkeras* étaient médiocres. Le type physique de ces peuples était sensible- ment le même ; mais leur tatouage était différent ; aussi les négriers, ayant un peu de pratique, distinguaient-ils fort bien les tatouages d'origine, ce qui était essentiel, puisque tous ces noirs n'avaient pas sur le marché la même valeur, en raison de leurs provenances diverses.

Le courtier était suivi d'un agent européen et accompagné d'un chirurgien qui, avant tout pourparler, examinait minutieusement et mensurait le noir proposé. Si le chirurgien ne trouvait aucune tare à l'esclave, l'agent *traitait* l'affaire et donnait au négociant un bon en marchandise pour la valeur. Il impri- mait alors, sur le corps du noir, la marque à feu du comptoir qu'il représentait. L'ins- trument en usage était une lame d'argent, découpée de façon à former en sens inverse les lettres initiales ou les armes de la Com- pagnie. Cette lame était chauffée à blanc ; on enduisait de suif la place destinée à recevoir l'empreinte et on la recouvrait d'un papier huilé, sur laquelle on opposait la marque brûlante. La chair grésillait et après la brû- lure (une vingtaine de jours quand il n'y avait pas de suppuration), les lettres *inef-façables* apparaissaient en relief ; on *marquait* soit au bras, soit à l'épaule, sur le dos ou sur l'estomac ; quelques individus échappaient, cependant, à *l'étampe*, notamment les sujets qu'on désirait offrir aux familles des armateurs ou des négociants de la métropole. Un beau négrillon, appelé Hector, dont M. J... du G... était dépositaire (*sic*), fut offert, *sans étampe*, en juin 1749, à une dame de M. Ce négrillon donna toute sa satisfaction à son heureuse propriétaire ; elle déclara « qu'il était très sain et bien vigoureux (*sic*) ». Malheureusement, ces pauvres déracinés ne tardaient pas à tomber malades, en France. Ils étaient soignés, Dieu sait comment ! Toutefois, on les envoyait à l'hôpital qui les acceptait, quand l'armateur ou le capitaine se portait garant des frais ou quand le nègre avait un petit pécule personnel. C'est ainsi que la Supérieure de l'Hôtel-Dieu de Nantes reconnaissait par écrit « que Messieurs de l'Amiroté lui avaient remis un coffré apartenan au naigre qu'ils envoierent hier à l'ôtel-Dieu. » (*sic*). (Cité par Vignols ; voir aussi *Arch. dép. Finist.* Série B, 42.64.)

L'âge préféré pour un esclave était de 12 à 15 ans ; aussi les vendeurs (est-il besoin d'ajouter sans scrupules ?) cherchaient-ils à rajeunir leurs sujets ; mais les négriers-acheteurs connaissaient leurs *trucs* ; sachant que les marchands d'esclaves les rasaient de si près qu'on ne pouvait découvrir sur leurs joues aucune trace pileuse, ils s'assuraient de l'âge en passant la langue sur les joues et le menton du nègre proposé ; s'il y avait fraude, la langue, par sa délicatesse, indiquait ce qui eût échappé au toucher et aux yeux.

Les prix des nègres, négresses, négrillons et négrites étaient variables ; avant leur entrée dans la *captiverie*, c'est-à-dire avant leur *rafraîchissement*, on donnait, au choix, par homme, 100 francs en cauris ou 5 dames-jeannes d'eau-de-vie ou 50 pièces de calicot ou 300 livres de poudre ou 25 à 30 fusils, ou 40 à 50 barres de fer ou 12 pièces de *guinées* bleues ; pour une femme, au choix également, 80 francs en cauris ou 20 pièces de guinées bleues, blanches ou d'autre couleur. Au XVIIe siècle la piastre cauris valait 18 francs ; elle tomba au XVIIIe siècle à 12 fr. 50 et au XIXe à 1 fr. 60. Le cauris ou porcelaine cauris (*cypræ moneta*) est un petit coquillage univalve et convexe, à bords roulés en dedans, présentant une ouverture longitudinale étroite bordée de dents des deux côtés. La piastre cauris se divisait en gallines et toques ; la toque se composait de 40 coquillages ; 5 toques formaient une galline ou 200 cauris. 20 cauris valaient à peu près 5 centimes de notre monnaie. On se fait facilement une idée de l'embarras que donnait une pareille monnaie ; il fallait 43 kilogrammes de cauris pour faire 10 francs, et la somme de mille francs exigeait cent porteurs ! Inutile de dire que les armateurs n'emportaient jamais des *cauris* en Europe ; tout au plus les capitaines négriers en rapportaient-ils en France deux ou trois poignées et quelquefois aussi des cauris d'une certaine dimension ; ils sont devenus un objet de Musée ; le Musée de Saint-Malo en possède quelques-uns ; le peuple les nomme *gros pucelages* ; peu de gens savent que ces coquillages ont servi, il y a à peine un siècle, au trafic du bois d'ébène et ont contribué à la fortune d'armateurs entreprenants et sans grands préjugés.

En attendant que leur nombre fût suffisant pour faire une cargaison, les noirs étaient jetés dans des locaux étroits et incommodes, les pieds entravés et le cou serré dans le *collard* ; c'était une chaîne de fer de 5 à 6 pieds de long ; le collier (d'où son nom de *collard*), se fermait au moyen d'une goupille disposée de telle façon que le patient ne pouvait l'ouvrir lui-même. Ces malheureux restaient, quelquefois, plus d'un mois dans la *captiverie*, attendant l'heure de l'embarquement, si tant est qu'ils connussent leur triste sort. Il était, cependant, bien recommandé à l'agent du comptoir, représentant l'armateur ou le négociant et au capitaine du négrier, d'embarquer les noirs le plus vite possible. Jacques Savary, dans son ouvrage *le Parfait Négociant*, s'exprime ainsi : « Ces esclaves ont un si grand amour de leur patrie qu'ils se désespèrent de voir qu'ils la quittent pour jamais ; ce qui fait qu'il en meurt beaucoup de douleur. J'ai ouï dire à des négociants qui font ce commerce qu'il meurt plus de noirs avant de partir que pendant le voyage ; les uns se jettent dans la mer, les autres se brisent la tête contre le vaisseau, d'autres se laissent mourir de faim. Quelquefois aussi éclataient de véritables révoltes ; on est surpris qu'elles n'aient pas été plus fréquentes ; la répression était terrible ; toutefois, il était ordonné de faire le moins de casse possible ; chaque nègre exécuté correspondait à une diminution du capital. On a gardé le souvenir d'une mutinerie qui se produisit sur les côtes de Guinée, à bord d'un navire armé à La Rochelle ; il y eut 230 morts. Le navire put, néanmoins, continuer sa route ; le restant de la cargaison fut vendu à un prix avantageux, si bien que la Compagnie enregistra avec une évidente satisfaction *qu'elle avait mis au pair*, c'est-à-dire qu'elle n'avait rien perdu sur le voyage. Sur un autre navire de *traite*, on embarqua 305 nègres mâles et femelles (*sic*), négrillons et négrites ; « 30 étaient de véritables squelettes ; mais le directeur avait ses raisons pour les embarquer ; ils faisaient nombre : « Pendant la traversée les squelettes mouraient tous les jours ». (*Archives de Honfleur*, Série H, 1713-1714, n° 1811) (1).

Avant leur embarquement sur le négrier, les Africains mangeaient encore des mets de leur pays, notamment des grosses fèves bouillies avec un peu de sel ; à bord, on leur servait de mauvaises conserves, des produits avariés, achetés au rabais sur les marchés d'Europe. Les maladies causées par une alimentation insuffisante et détestable, par l'air empuanti des entreponts où ces malheureux vivaient pour ainsi dire sur du fumier, faisaient d'énormes ravages ; les maladies mentales, la folie subite étaient fréquentes ; pour combattre « *ces fâcheuses tendances (!)* » les règlements de la Compagnie des Indes prescrivaient d'emporter des tambours et des instruments indigènes « pour distraire » ces pauvres diables durant la traversée. Tout navire de *traite* qui se respectait (si l'on peut

(1) On trouve aussi de curieux détails sur « l'ordre et les usages qui règnent généralement à bord des navires négriers tant pendant leur séjour sur les côtes d'Afrique que pendant le cours de la traversée à l'Amérique ». (*Bib. Nat. Arch. Colb.*, F. 61. 1790). Voir aussi : Ms. Anonyme (1770-1777) par un capitaine négrier, n° 34-523 de la Bibliothèque de la ville de Nantes.

dire), avait au moins deux *tams tams*. La danse favorite des Africains était la *banza* ; le bâton du chef d'orchestre qui était le surveillant du bord était représenté par un solide gourdin.

Enfin, après une traversée qui durait en moyenne vingt-cinq jours, le navire arrivait en vue des îles d'Amérique.

Après quelques jours d'un repos relatif, accordé beaucoup moins par humanité que par intérêt, le nègre, fraîchement débarqué, était livré à la culture. Désormais il était un rouage dans l'énorme machine. Le banquier, ou mieux l'homme d'affaires, établissait ainsi son compte :

Valeur commerciale d'un nègre de traite .	1.200 L
Intérêt de cette somme à 6°/₀ pendant 3 ans.	216
Dépenses d'entretien pendant 3 ans . . .	450
Intérêts de ces dépenses à 6 °/₀ l'an . . .	27
Total	1.893
Un nègre a produit au planteur pendant 3 ans, 3.375 k. de sucre au taux moyen de 54 francs les 100 kg.	1.822,50
Donc le nègre est payé par le produit au bout de trois ans. Il rapportera ainsi :	457,50

C'est-à-dire 35.°/₀.

D'après certains comptes de l'époque, chaque nègre, employé à la culture du sucre, devait rapporter mille livres. Cette évaluation paraît excessive à d'Aubertheuil ; pour lui, le produit de chaque culture, étant données les mauvaises récoltes, ne dépassait pas 300 livres par tête de nègre.

Mais il arrivait que les marchands français vendaient quelquefois le nègre, à 6 et 12 mois, l'acquéreur n'ayant pas toujours les fonds, quand la *traite*, c'est-à-dire *l'effet*, lui était présenté ; il devait souscrire de nouveaux engagements envers les banques, ce qui augmentait le prix d'achat du nègre. De plus, les nègres de Guinée n'étaient guère acclimatés et accoutumés au travail qu'au bout de deux ans. Ils valaient, à ce moment, au moins 1.500 livres ; c'est la valeur que leur donne l'*Inventaire général de Saint-Domingue* sous le titre *Nègres et Animaux* : Forces employées à la culture. (1)

Les états ne concordent pas toujours sur le nombre des nègres introduits aux Iles Françaises ; sur les uns figurent des noirs venant de l'étranger, c'est-à-dire des pays autres que la Guinée ; d'autres statistiques ne les comprennent pas. Au 1er janvier 1767, on dressa un tableau de la quantité des nègres existant dans la colonie. En 1759, on en comptait 104.839, en 1703, 206.529 ; en 1764,

(1) Cf. A. DESSALLES, *Histoire Générale des Antilles*, Paris, 1847. 1848. Cet ouvrage, qui donne le texte du *Code Noir*, renferme aussi d'intéressants tableaux sur les navires de Nantes et de Saint-Malo qui faisaient la *Traite* ; sur les tableaux figurent les noms des armateurs et des capitaines négriers.

36 navires venant d'Afrique apportèrent 10.945 nègres, la même année, 34 autres navires 10.153. En 1766, 47 navires apportèrent 13.860 nègres et en 1767, 50 navires 15.279. On arrive aussi à un total de 256.776.

De 1767 à 1774, 274 négriers apportèrent à Saint-Domingue 79.000 nègres, soit 13.000 annuellement : chiffre à retenir. D'Aubertheuil fixe à 291.999 le nombre des nègres vivant à Saint-Domingue en 1773, y compris environ 24.000 nègres *de contrebande* (*sic*) (1), ne figurant pas, aux entrées, sur les statistiques officielles. A cette date, les produits de Saint-Domingue : sucre, indigo, coton, café, cacao, cuir, gayac, etc... s'élevaient à 89.150.000 livres, payant un impôt de 5.998.500 livres.

Il est assez difficile de préciser le nombre des malheureux qui furent transportés par les négriers d'Afrique en Amérique. De 1728 à 1760, 723 navires auraient fait la *traite* et apporté aux Iles 203.522 individus ; la vente aurait produit 201.944.306 livres. L'importance du trafic à Saint-Domingue était telle

____

(1) On sait que l'ouvrage de *Billard d'Aubertheuil* sur la condition des nègres à Saint-Domingue, y souleva des fureurs de la part des exploitants. Le livre fut brûlé par la main du bourreau. La Bibliothèque de la Ville de Nantes en possède un bon exemplaire. Le *Code Noir*, qui avait donné aux nègres esclaves certaines garanties, n'était pas souvent consulté par les planteurs.

qu'un décret du 12 janvier 1717 y créa huit sièges d'amirauté, Bayaah, cap Français, Jacquemel, Léogane, Petit Goave, Port de Paix, Saint-Louis et Sainte-Marie. Le temps le plus favorable pour la *traite*, — on s'en aperçut à Saint-Malo, — s'étend de 1750 à 1756. C'est le temps du bail de Bocquillon ; 263 navires amenèrent aux Iles 73.222 nègres, ce qui fait 12.204 nègres par an (*Arch. Nat.*, F. 0197). Voir aussi PEYTRAUD, *L'Esclavage aux Antilles Françaises avant 1789*, Paris, 1897, in-8°. Cet ouvrage très documenté contient une excellente bibliographie sur la *Traite* et *l'Esclavage*. D'après un document, conservé aux Archives de la Chambre de Commerce de Nantes (liasse 38 n° 4, cité par *Vignols*), la plupart des 11.839 nègres, transportés de 1714 à 1721 à la Martinique, le furent par des vaisseaux bretons, 65 sur 75, presque tous Nantais, 59 sur 65. Du 27 novembre 1725 au 9 avril 1727, 23 bâtiments partirent de Nantes pour la Guinée ; mais plusieurs d'entre eux furent pris par des flibustiers aux Açores et au Cap Vert. Ces flibustiers guettaient même les Malouins avec leur cargaison *de bois d'ébène* jusque sur la côte de Whydah ; ils guettaient aussi, et plus attentivement encore, ces navires, quand ceux-ci approchaient des côtes d'Afrique, ayant à bord, des marchandises de toutes sortes, qui étaient destinées à l'acquisition des noirs sur les marchés du Dahomey.

La *traite*, à cette époque, était très en faveur, « ses progrès, dit Fossard, avaient été tellement rapides que si l'on évalue à 36.000, le nombre moyen des nègres importés de Guinée et qu'on le multiplie par la somme d'années qui se sont écoulées depuis le commencement de la *traite*, on verra qu'il forme un total de 10.000.000. Les armateurs en retiraient de gros bénéfices ; un nègre, acheté en 1724, 40 livres, était revendu aux Iles d'Amérique 500 livres. (H. SÉE, *Mémoires*, p. 28) ; plus tard le prix d'achat et le prix de la vente augmentèrent dans une notable proportion, le prix d'achat ou de revient principalement. Il ne faut pas oublier non plus que, pour la traversée, il y avait un gros déchet de 25 à 30 pour 100. Les frais à engager étaient également fort importants. « Pour vendre aux Iles 1050 ou 1100 noirs, il faut consacrer 600.000 francs à l'armement (Novembre 1724) ». Il y avait aussi du *déchet* à terre. La Guinée n'était pas, comme climat, semblable à Saint-Domingue. Les jours y sont plus chauds, les nuits plus fraîches ; les noirs contractaient facilement en Amérique le *mal pulmonaire* (tuberculose) ; les nègres du Niger, que recherchait surtout la Jamaïque, étaient plus résistants ; mais ils étaient moins nombreux et, partant, plus cher que les nègres du Congo et de la Côte d'Or ; les auteurs estiment que la mortalité emportait en moyenne un tiers des nègres transplantés (*d'Aubertheuil*. I, 120).

Les armateurs tenaient, d'ailleurs, grand compte de ce déchet ; mais, de 1745 à 1778, le prix du nègre augmenta ; on n'en trouva plus à 40 livres comme en 1724 ; en 1777, un négociant français en fit acheter 580 à Molembo ; ils lui revinrent, l'un dans l'autre, à 583 livres, 17 sols, 10 deniers ; à Porto-Novo, ils étaient un peu moins cher ; il en prit 521 qui lui revinrent seulement à 460 livres 10 deniers (1). Les meilleurs nègres étaient qualifiés de *pièces d'Inde* ; cette expression désignait à l'origine, les noirs que les Portugais avaient l'habitude d'acheter pour leurs colonies des Indes. Dans un traité entre les habitants de Saint-Domingue et la Compagnie du Bengale et de la Guinée (21 janvier 1698, cité par Moreau de Saint-Méry, *Lois*, I, 577), il est question de la fourniture de 1000 nègres, 2/3 mâles, 1/3 femelles, en pièces d'Inde.

(1) Il est à remarquer que sur les rôles de capitation à Saint-Malo (impôts) c'est un *négrier* qui figure pour la plus forte somme, soit 804 livres, ce qui suppose une fortune de 1.666.372 livres.

TABLE DES MATIÈRES

CHAPITRE VI

CHAPITRE VII

Vannes. — Imp. Lafolye & J. de Lamarzelle. 1028-28.

Vannes. — Imp. Lafolye & J. de Lamarzelle. 1028-28.